爸爸寄來的經濟學情書

一個父親對女兒訴說的全球經濟與資本主義小史

Talking to my daughter about the Economy or, How Capitalism Works — and How it Fails

雅尼斯·瓦魯法克斯 Yanis Varoufakis ——著

黃書儀 ——譯

我曾告訴過妳，我成為經濟學家的原因嗎？
因為我拒絕將經濟留給專家。

目錄

前言

這本書的誕生可回溯於二〇一三年，當時有間希臘出版社邀請我撰寫一本給年輕人閱讀的經濟學書籍。我之所以允諾，是因為我堅信經濟制度非常的重要，並非只限於經濟學家們研究的學問。

假如我們要建造一座橋梁，最好把這項工作交給工程師等專家們；倘若我們要進行手術，最好找外科醫師來操刀。但是，在美國總統帶頭公開爭奪科學資源以及孩子們也迴避科學的世界裡，能讓科學普及於各地的書籍是非常重要的。因為讓大眾都能普遍重視科學知識，反倒可以對科學界形成保護，進而為社會締造出更多所需要的專家們。不過，本書卻與眾多想為了普及科學而出版的書並不相同。

身為一名經濟學教師，我一直認為，若不能用年輕人的話語解釋、說明經濟，我將是一名非常無能的老師。但隨著時間的推移，我逐漸發現一項與我的專業相互矛盾的現象，這讓我更覺得毫無頭緒：當經濟模型變得愈科學，這些模型與現存於經濟制度中的現實之關聯性，就變得愈低。這個現象與物理、工程學以及其他科學領域正好相反，因為在物理、工程等科學領域裡，只要愈是精密、複雜的科技，愈能反映出真實世界的運作。

正因如此，這本書的目的並不是要讓經濟學變得普及：這本書若能成功大賣，讀者應該可以慢慢掌控並改善自己的經濟，同時也將會明白，只要了解經濟制度後，就會發現體系裡這群自以為專家或經濟學家的人，幾乎都是錯誤的。讓人人都能對經濟暢所欲言，是一個健全且真正民主社會的前提與必備條件。可是經濟的起伏表現，卻支配著我們的生活；它的力量，對我們的民主反而是一種嘲諷；它觸及到我們的靈魂深處，改變我們的希望與期待。假如我們把決定的權利都讓渡給這些專家，就等於是把所有重要的決策權交給他們。

我同意撰寫此書，還有另一個原因。我的女兒齊尼亞幾乎在我的生活裡缺席，她居住在澳洲而我住在希臘，我們一直相隔兩地，即使有時間見面，相聚的時間也十分短暫。因此這這本書就像是在有限的時間裡與她說話聊天，一直讓我意猶未盡。

撰寫本書是一件開心的事，這是我所寫過唯一一本不需要註釋、參考資料或與學術或政治相關的書籍。與那些「嚴肅正規」的書不同的地方是，我以我的母語撰寫此書。事實上，我只是坐在愛琴娜（Aegina）島上的家裡，望著薩羅尼克灣（Saronic Gulf）以及遠方的伯羅奔尼薩山脈（Peloponnese）隨興書寫——沒有任何計畫、暫定的內容目次或是依循的藍圖草稿。我總共只花了九天時間完成，中途偶爾游泳、划船休息一下，或是在傍晚陪著個性寬容且非常支持我的伴侶黛安外出。

當這本書在希臘出版一年之後，我的生活整個改變了。希臘與歐洲經濟體的瓦解，讓我坐上了財政部長的位置，而這個位置正處於我的選民以及全球寡頭政府嚴重衝突的暴風中心裡。同時，也正因這個新職位，這本書被翻譯成數種語言，我的理念在法國、德國、西班牙以及其他各地獲得許多回響。唯一沒有翻譯的主要語言是英語。

【前言】

如今，衷心感謝雅各·莫（Jacob Moe）的協助將本書從希臘語翻譯成英文，以及英國企鵝出版社的工作人員，特別是威爾·漢蒙（Will Hammond），將此書以我慣用的寫作語法，呈現在讀者面前。二〇一五年我異常痛苦的撰寫完另一本書《房間裡的大人》（Adults in the Room）真實記載該年與歐盟、歐洲央行與國際貨幣基金組織痛苦的談判與過招過程，之後我立即投入本書的重新編輯。把這本書重新以英語出版是一段非常療癒的過程：讓一個陷入破碎與沉淪經濟漩渦的人，能從試煉與苦難中逃離。這段過程讓我重新找回已長久迷失、曾經平心靜氣寫作的自己；沒有媒體持續不斷的攻擊騷擾，得以從事我一直所熱愛的事：為發現自己的真實想法而盡所能的自我挑戰與反駁。

我們在對資本主義的問題不夠了解的情況之下，就對此議題進行辯論，這是我們日常中常見的問題。因此二〇一七年六月，當我在進行本書的英文編輯的某一周裡，同樣是在愛琴娜島上，同樣望著相同的海洋與山脈，我決定放棄「英國脫歐」、「希臘脫歐」、「川普」、「希臘以及歐洲經濟危機」等議題，轉而開始與我女兒討論抽象的資本主義。因為，若未能好好認識這個支配影響我們生活的怪物，根本說不過去。

看過本書內容的讀者們，或許會對於書中完全沒有提及「資本」或「資本主義」而感到驚訝。我決定捨棄這些字眼，並非這些字有錯，而是因為這些字眼過於沉重，會妨礙我們了解事情的本質。因此，我不使用資本主義等詞彙，而採用「市場社會」(market society) 等字語；捨棄了「資本」後，讀者會看到更多像是「機器」(machinery) 以及「生產的生產工具」(produced means of production) 等一般用語。若可以避免，這樣一本書又何必要使用艱澀的行話呢？

至於我的影響與資料來源，我承認：撰寫這本書猶如行雲流水，只花費了短短九天便完成，這本書裡充滿了諸多我有意及無意間所借來、掠取的觀念、段落、理論以及故事；而這些想法及文章，從一九八〇年代早期便開始形塑我的思維，並且幫助我作為教學教材，讓學生及聽眾免於昏昏欲睡。我雖不可能一一列出完整的書籍名單，但腦海中確實想到了幾本重要著作。文中提到的幾本文獻與詩集，以及科幻電影，若沒有這些著作，我覺得很難去理解現狀；除此之外，這裡我還要提及四本書：第一本是賈德·戴蒙（Jared Diamond）所著的《槍炮、病菌與鋼鐵：人類社會的命運》，它是本書第一章中，用來解釋社會不公平、最終造成種族刻版印象的故事基礎。理查·提姆斯（Richard Titmuss）的《禮物關係》（The Gift Relationship）中對於血液市場的討論，強化了在卡爾·波蘭尼（Karl Polanyi）的名著《鉅變：當代政治、經濟的起源》（The Great Transformation）書中，首度被提出的觀念。海爾布魯諾（Robert Heilbroner）的《俗世哲學家》（The Worldly Philosophers），以及小說家瑪格麗特·愛特伍（Margaret Atwood）的《債與償》（Payback），尤其是後者，或許是對債務描述最棒、最有趣的書籍，我毫無保留的推薦。最後，無庸置疑的是，我得再次提到馬克思、還有古代雅典時期的悲劇作家們、凱因斯對所謂「合成謬誤」（fallacy of composition）的剖析、以及近代布萊希特（Bertolt Brecht）的諷刺與見解。他們的故事、理論以及令人念念不忘的思維，縈繞在我的每個想法裡，也展現在本書的字裡行間內。

1

世上不公平何其多

Why So Much Inequality?

所有嬰兒都是赤裸來到這個世上，但少數孩子一出生，立刻擁有從精品店買來的昂貴衣裳穿，而於此同時的多數孩子，身上只有破布舊衣蔽體。當孩子們長大一點後，有些小孩再也不喜歡親戚或祖父母買給他們的新衣服，他們開始喜歡其他的禮物，例如最新款的蘋果手機；可是同時間裡，卻還有許多兒童，他們卑微的夢想只是期待擁有一雙完整的鞋子可以穿去上學。

我們的世界正是被這種不公平所劃分。從小妳似乎就可以感受到這項差異的存在，即使妳在日常生活裡，未曾真正體會過；而妳不曾真正體會過的原因，是因為妳就讀的學校裡，並不會有生活在貧困匱乏或是暴力下的孩子們，而這樣的孩子卻占了這世上的多數。最近，妳曾問我一個問題：「爸爸，世上的不公平為什麼如此之多？人類有這麼愚笨嗎？」我的答案並不能令妳滿意，就連我自己也不滿意。因此，讓我用另一個問題，再試著回答妳一次。

澳洲土著為何不入侵英格蘭？

妳在雪梨居住長大，相信妳的學校老師已經花了許多時間與課程，讓妳與同學們了解到：百年前的「白種」澳洲人，曾對這國家的原始居民——澳洲土著，犯下了極不公平事蹟；白種歐洲殖民者踐踏原始居民的燦爛文化，已經超過了兩世紀；由於數世紀以來的暴力、竊盜與羞辱，原始居民至今仍居住在非常貧窮的環境裡。可是，妳可曾想過，為什麼是英國人入侵澳洲、佔領澳洲土著的土地，把他們幾乎滅族，而不是相反的情況？為什麼不是澳洲土著，佔領英格蘭的多佛港，迅速攻占倫敦，殺害了想要反抗的英國人，包括英女王呢？我打賭，妳們學校一定沒有老師膽敢提出這個問題。

然而，這個問題十分重要，倘若我們不假思索的回答，很可能輕率地接受了「歐洲人比較聰明且有能力」的看法——這肯定是當時殖民者的觀點——或是「澳洲土著個性溫和，因此無法成為野蠻殘忍的殖民者」的觀念。假如這是對的，後者立論成因的歸結，與前者大致是相同的：它們皆指歐洲白人與澳洲土著在本質上本來就不一樣，毋須特別解釋其成因與理由；而且，白人對澳洲土著以及其他人所犯下的罪刑，也找不出其他更好的合理化說法。

這些論點必須被壓制禁止，除非妳心裡也這麼認為，歷史的受害者是因為自己不夠聰明因而受到懲罰。

因此，回到原來的問題：「人類之間為何存在著這麼多不公平？」當這問題與其他問題交互作用了後，問題變得更複雜難解：「難道不是因為某些種族比較聰明，因此比其他種族有能力嗎？」若非如此，在雪梨的街道上，為什麼看不到妳在泰國旅行時，曾在街上看過的那種貧窮人？

市場是一回事，經濟是另一回事

妳在西方繁榮的泡沫裡長大，多數的大人會對妳說，貧窮國家之所以貧窮，是因為他們的「經濟」疲弱——無論這究竟意味的是什麼。大人們也會對妳說，社會中的貧窮人家之所以貧窮，是因為他們沒有其他人真正需要的東西可銷售。簡而言之，亦即他們沒有東西可以提供給「市場」。

這是我決定跟妳討論所謂「經濟」的原因：在妳以及我的世界裡，關於「為什麼有些人貧窮而有些人這麼富有」的討論，甚至是「為何人類要破壞地球」等討論，其實都圍繞在「經濟」上面。而經濟與所謂的「市場」息息相關。對人類的未來而言，妳不能對上述的「經濟」或「市場」兩字，視而不見或感到嗤之以鼻。

讓我先從大家常犯的錯誤開始：他們認為市場以及經濟是相同的東西。其實這是錯誤的。市場究竟是什麼？市場就像是交易用的購物車。在超級市場裡，我們把要換取現金的物品放在購物車裡，而銷售者——超市的老闆或員工用現金來換取這些東西——之後再用這些去交換他們需要的物品。在貨幣發明之前，這些交易的進行是非常直接的：一根香蕉直接換一顆或兩顆蘋果。而今，在網路發達的世界裡，市場並不必是一個真實的地點，好比我替妳在 iTunes 上購買應用程式，或是在亞馬遜網站上購買黑膠唱片等。

顯然的，自我們還住在樹上、還沒有能力種植食物的遠古時代，市場即已存在。自從我們第一位用香蕉換取其他水果的祖先開始，市場交易就已經開始。但是，這並非真正的經濟體。經濟的形成，必須還有其他的條件：不僅是從樹上取得香蕉或獵捕動物的能力，而是需要人類的勞力才能存在的生產食物或設備的能力。

兩大躍進：說話與盈餘

約莫八萬兩千年前，人類創下了第一次大躍進：懂得控制聲帶來發聲、說話，取代了口齒不清的哭泣來表達自己。過了七萬年後（也就是從今往回推至一萬兩千年前），我們創下了第二大躍進：人類成功的開墾土地。人類說話與生產食物的能力——不再只有咆哮及利用自然環境中的食物，帶來了我們現在所謂的經濟。

而今，也就是在人類「發明」農業的一萬兩千年後，我們依然認同這真是歷史性的一刻。因為這是人類首次不必再依賴大自然的餽贈；人類在努力之下，學習著生產食物、自給自足。然而，當時的人類是帶著開心、高興的心情開墾土地嗎？一點也不！人類學習開墾土地的唯一理由，是因為他們快要餓死了。一旦他們用高超的獵食技巧把多數獵物都捕殺殆盡，再加上從樹上摘下來的果子也迅速增加，食物自然開始不夠，因此人類自然急需適應與學習新的方式來開墾土地。

就像所有的科技革命，農業的誕生也是人類無意間展開的。只要可以避免，人類當然就會避免，就像是澳洲，自然環境提供了足夠糧食供人類食用，因此至今還有許多原始的地方。因此農業誕生的地方，反而是在人類即將衰敗滅亡之處。慢慢的，透過實驗以及觀察，科技讓我們可以更有效的耕作，但在這個過程裡，在我們發展種植食物的方法時，人類的社會也出現巨大的變化。農作物的出現，創造出一個真實經濟體裡最基本的元素：盈餘。

什麼是盈餘？一開始，盈餘僅係指土地產出的作物在餵飽我們自己後所剩餘的部分，取代先前用來種植的種子。換言之，盈餘就是讓我們得以儲存下來，可供未來使用的多餘部分，例如存下來供「雨天」食用的小麥（萬一下一批作物被冰雹砸壞了），或是用來當作來年耕種播種使用的額外種子，未來的產量就可增加，來年也會有盈餘。

這裡妳要記住兩件事。首先，狩獵、捕魚以及採摘天然生長的蔬果，絕不可能有生產過剩的情況，即使這些農夫、漁夫以及採集者的生產力很高。不同於穀物——玉米、稻米以及大麥等可以保存——魚類、野兔以及香蕉都會迅速腐壞或變質。第二，剩餘的農作物，創造出了後續一連串的奇蹟，而這些奇蹟永遠改變了人類文明：文字、債務、貨幣、國家、官僚制度、軍隊、神職人員、科技，甚至是首種類型的生化戰爭。以下讓我一一的來解釋。

文字

從考古學家們的研究得知，人類最早的文字出現在美索不達米亞（現在的伊拉克與敘利亞）。但是他們究竟記載了什麼？是每位農夫在共用的穀倉裡，存放的穀物數量。這是唯一合理的解釋：因為每個農夫要各自建造一間穀倉來存放剩餘的作物，這是一件困難的事；反倒是一間只需一位守衛看守的共用穀倉，每位農夫皆可使用，這反而容易些。不過，這個制度需要某種像是收據的東西，例如，一張寫著納博克先生在穀倉裡存放一百磅穀物的單據證明。的確，文字是第一種發明，人類才能開始記帳——每個人才能證明自己在共同穀倉裡存放了多少糧食。在不需要發展農業的社會裡——像是弱肉強食、核果與莓果從不短缺的地方，例如澳洲土著社群以及南非的原始部落裡，目前都只見音樂及繪畫，仍未見到文字的發明；這絕對不是一種巧合。

債務、貨幣以及國家

記載我們的朋友納博克先生在穀倉裡存放穀物數量的單據，是債務與貨幣的濫觴。我們從考古文獻中得知，統治者支付給工人勞資的方式，是在貝殼上記載工人應得的穀物磅數。由於這些貝殼上的穀物數量，通常尚未收成，因此這些貝殼代表的是統治者積欠給工人們的債務。同時之間，這些貝殼也是貨幣的一種形式，因為工人們可以拿這些貝殼，去交換其他人所生產的東西。

金屬貨幣的出現，應該是最有趣的發現。多數人相信，它的發明是為了交易使用，但事實並非如此。至少在美索不達米亞，在帳簿上，是以從未真實存在過的金屬貨幣，來表示農夫被統治者所積欠的債務數量。舉個例子，帳簿裡這麼寫的：「納博克先生收到了價值等同三塊金屬貨幣的穀物」，這些金屬貨幣尚未鑄造，甚至很多很多年後也都不會動工鑄造。也就是說，這些用來幫助交易所使用的想像貨幣，都是虛擬貨幣。因此，當有人對妳說：「現今經濟因為數位科技興起帶動了虛擬支付方式，與古代的經濟非常不同」，此時，妳可以大聲告訴對方：「這種支付方式其實一點也不新穎，早在一萬兩千年農業革命發生，人類開始有剩餘的食物，產生了經濟體時，就已經存在了。」

事實上，即使這些金屬貨幣已鑄造完成，它們也因為重量太重而無法流通。因此納博克先生被積欠的穀物之價值，是以一大塊鋼鐵的重量比例來表示。納博克先生的口袋，從未攜帶過這些金屬貨幣——他身上只攜帶著貝殼欠據，而貝殼上寫著穀物的磅重，或是一大塊無法移動的鋼鐵重量比例。

虛擬貨幣以及這些欠據要能夠真正發揮其作用，需要的是信心。納博克先生必須擁有信念，要相信穀倉的管理人有意願以及能力，把他被積欠的穀物歸還給他。納博克先生為了建造茅舍，因而用這些貝殼欠條再與其他人交換石油與鹽巴，而其他人在與納博克先生交換之前，也要對這些欠條擁有信心。這就是「信用」（credit）的起源：這個字來自於拉丁文credere，是「相信」的意思。

人們要擁有這樣的信念，且願意給予這些貝殼（例如貨幣）這樣的價值，心理上必須清楚明白，這些貝殼是受到某些人或某些重要的東西所擔保。他們可能是上帝降臨的統治者、擁有皇家血統的威武國王，甚至到了以後，可能是代表國家或政府的某樣東西：某種可以被信賴的權力，在未來可以償還納博克先生所持有某比例的穀物，即使是在統治者已經死亡。

官僚制度、軍隊、神職人員

債務、貨幣、信念以及國家，彼此的關係都是密不可分。若沒有債務，管理多餘的農作物就會變得很複雜。而債務出現後，貨幣的使用開始盛行；但是貨幣要擁有價值，就有賴於可靠的組織機構、國家。當我們談到經濟，這些也就是我們所要討論的：盈餘在社會中所造成的複雜關係。

當我們檢視這些關係時，很清楚的是，若沒有所謂的盈餘，國家組織難以形成，因為國家需要有官員來管理公眾事務，需要警察維護大家的財產權利，需要有較高生活水準需求的統治者，無論好或壞。而上述這些人並不需要在農田裡工作，因此需要大量的農作盈餘養活這些人，所有秩序才得以形成。若沒有盈餘，一個有系統的軍隊也無法存在——沒有軍隊，也無法施展統治者的權力與延伸國家組織，而社會中的這些盈餘將會變得脆弱不堪，成為外在的一種威脅。

農作的盈餘讓官僚體系及軍隊得以存在，也接著創造出了人們對官僚制度與軍隊的需求。同樣的，神職人員也是。神職人員？是的，農作的盈餘也締造出有組織的宗教！讓我們一起來看看原因是什麼。

從歷史來看，所有來自農業社會的國家，為了社會、政治以及軍隊權力擁有者的利益，都會蠻橫不公平的分配農作盈餘。但即使這些統治者如此強大，他們也無法打敗廣大的貧窮農夫；這群農夫如果集結起來，可能在數小時內即可推翻這個剝削人民的政權。如此一來，這些統治者要如何維持自己的權力？如何能夠依照自己而非眾人的喜好來分配農作盈餘？

答案是：建立起一種意識型態，讓眾人打從內心相信，唯有統治者有統治的權力；讓眾人認為，他們已經居住在世上最好的地方；讓眾人認為，所有事情都是生而如此；世間的情況局勢反映了神界秩序；讓眾人認為，對統治者的反抗，等於破壞神界秩序，會讓整個世界失序。

若少了這個合理化的意識形態，國家組織的力量便無法成功。而國家要永恆存在，即使統治者死亡也能存續下去，這股支持國家權力的意識形態也必須要組織化。而為此目的提供服務、制定儀式的人，就是神職人員。

若沒有大量的剩餘農作，擁有複雜神職階層的宗教組織將無以生存，因為，這群「神聖」的男性女性，都沒有生產能力。同時，若缺少了宗教系統，統治者對以後各世代以及剩餘農產的分配權力，將會變得不穩定，容易被盈餘分配較少的人民所起義推翻。這也是數千年來，國家與宗教兩者合而為一的原因。

科技與生化戰爭

在農業出現之前，人類一直在進行科技革命，例如，火的發明、從礦砂中提煉出金屬、以及風板，就像澳洲原住民著名的回力鏢的發明等。然而，農業盈餘也因為帶動新科技的需求——例如犁田及灌溉系統，以及因為集中資源於少數人手中，大幅推升了科技的進步。農業革命推進了人類的科技，因此人類才得以能建造偉大的金字塔、帕德嫩神廟以及印加古廟，當然這都需要上千萬的奴隸協助。

然而，剩餘的農作也產生了致命的細菌與病毒。當數噸的小麥堆積在共同穀倉內，而這些穀倉坐落在廢棄物處理系統貧乏的城鎮裡，周邊圍繞著人群與動物，自然成為了一個大型生化實驗室，各類細菌與病毒開始快速生成繁殖。而人類的身體尚未演化、適應這些破壞性的疾病，因此一開始造成了許多人類的死亡。但是，慢慢的，一代過了一代之後，居住在這塊土地上的人們，開始適應了霍亂、傷寒以及流感，對這些疾病也愈來愈有抵抗力。

當然，當他們遇到尚未發展農業的部落或社群，由於他們身上帶著數百萬的致命微生物，僅僅只是相互握手這麼一個動作，就足以把整個部落族群滅亡。事實上，在澳洲以及美國，原住民因為與入侵的歐洲人接觸而死亡的人數，還大於死於加農砲、子彈與斧頭下的人數。在某些案例裡，歐洲的入侵者甚至刻意引發生化戰爭：某個美洲原住民部落，因某歐洲殖民代表團刻意在贈與他們的毛毯上，施放了天花病毒，造成整個族群被滅亡。

回到原來的問題：為何是英國入侵澳洲而非澳洲入侵英國？

重新回到我一開始所提到的難題。為什麼是英國入侵澳洲，而不是澳洲入侵英國？更普遍來說，為什麼所有帝國強權都出現在歐亞大陸，而不是在非洲或澳洲？這與DNA有關嗎？當然不是。答案就在我剛剛告訴妳的內容裡。

我們之前提到，一開始，最先出現的是「盈餘」，也就是多餘的農作，之後開始有了文字、債務、貨幣與國家——再從這些經濟裡衍生出科技與軍隊。簡單的說，歐亞大陸的地理條件——陸地與氣候等自然環境——再加上農業、盈餘以及其他所有條件結合之下，使其整體成為一股強而有力的力量，領導軍隊的國家統治者也隨之而誕生，而這些軍隊擁有科技配備，例如槍枝等，同時，他們身體與呼吸道中也攜帶著生化武器，因此更為致命。

然而，一些國家像是澳洲，就不太一樣了。從一開始，這些國家的食物供給就不曾短缺，因為這三至四百萬與自然和諧共生的人們，獨享著陸地面積與歐洲相同的動物與植物。因此，這塊陸地上的人民不需要發明農業科技來累積作物，即使機會出現了，也沒有理由要去改良或創新新的科技。

如今我們都知道，至少妳一定知道，澳洲原住民擁有詩歌、藝術以及非常棒的文化價值觀，但他們並沒有攻擊他人，或者保護自己免於軍隊、武器、由農作盈餘而產生的細菌所造成傷害之工具。相反的，來自歐亞大陸的英國人，因為氣候的迫使，加上必須生產大量農作物，在所有因素的結合下，他們製造出航行的船隻與生化武器。也因而當他們抵達了澳洲的海邊，澳洲土著毫無取勝的機會。

「那非洲呢？」妳可能會提出這個問題。「為什麼非洲的任一個國家，都無法對歐洲造成威脅？為什麼奴隸交易是從非洲單向的流入歐洲？或許非洲人真的不如歐洲人？」

絕非如此。讓我們看一下地圖，比較一下非洲大陸與歐亞大陸的形狀。首先妳會看到，非洲是一個上下較狹長的形狀，北從地中海一直往南經過赤道，再抵達南半球的溫帶氣候區。至於歐亞大陸，它的形狀剛好與歐洲相反，它是東西發展的地形，西從大西洋開始一直往東延伸，直至中國與越南，至太平洋的海岸線。

這代表的是什麼？這代表的是，當妳橫跨歐亞大陸從太平洋來到大西洋，路途所經歷的氣候變化甚少；至於非洲，當妳從南邊的約翰尼斯堡往北來到亞歷山大港，妳會經過各種不同的氣候區，例如熱帶叢林或是薩哈拉沙漠，相當的極端。為什麼這件事這麼重要？因為已經發展出農業經濟的非洲社群（例如現今的辛巴威），由於農作在另外的土地難以種植，例如在赤道或更惡劣的薩哈拉沙漠裡，因此很難擴張居住領域，他們也因而拒絕往北遷徙。可是相對的，當歐亞大陸的種族們發展農業了後，幾乎可隨心所欲的往東或往西發展。他們的作物（特別是小麥）可在遙遠的地方種植，從里斯本至上海，可形成一大片相似的耕作領域。而這片領土，非常適合侵略佔領——一群農人佔領另一批農作並且接收他們的科技——讓整個帝國更為富強。

另一種不公平

非洲、澳洲與美洲的地理條件，事先決定了該陸地的人們被歐洲人殖民的命運。這與 DNA、人格特質以及智能毫無關係。正確且簡而言之，原因其實是陸地的形狀與位置問題。然而，還有另一種不公平，卻是地理無法解釋的：同社群或國家內的不公平。要理解這種不公平的成因，我們必須討論經濟。

還記得國家的形成與神職人員的產生，都是來自過剩的農作？農作的累積，有賴於也導致於權力的集中，也因而統治其他多數人的少數人，手裡擁有了財富——這也就是大家熟知的寡頭政治，這個字主要來自希臘文的 oligoi（少數）以及 arkhein（統治）。

這是個永續循環的過程：那群有權使用、分配農作的特權之人，他們的獎賞就是擁有經濟、政治甚至是文化上的權力，因而得以利用這些權力，獲得更多的農作盈餘分配。只要詢問任一個有從商經驗的人，他們會肯定的告訴妳，一旦擁有了數百萬元在身上，便很容易賺到另一個百萬元。但另一方面，假如妳一無所有，即使是賺一千元，也似乎像是個難以達成的夢想。

因此，不公平的情況發生在兩種層次中：一種是全球層次，這說明了為何世上的某些國家即使在二十、二十一世紀仍是赤貧，但有些國家總是因掠奪其它較窮的國家而享有權力與財富。另一種層次則是存在社群本身，例如世上最貧窮國家的少數富人，其實比許多富有國家的許多有錢人還要有錢。

我告訴妳的這個故事，可源溯自世上兩種不公平的源起，也就是人類第一次科技革命——農業發展過程裡經濟盈餘的產生。而下一個章節裡，我們會繼續討論下一個科技革命所造成的社會不公，這個新革命帶給我們新的機械設備，例如蒸氣引擎、電腦，還包括了妳生長的這個社會，而這個社會中的不公平現象，更是農業本身所無法達成的。

但在此之前，還有一個字叫做激勵。

把不公平作為永不間斷的意識形態

當我解釋神職人員及其角色時，我曾提到利用意識形態的運作，把人人眼裡不公平的盈餘分配給合理化——無論是擁有者或是一無所有者。意識形態的功效非常大，甚至能把信念交織在一起，變成像是神話一樣。

妳仔細想想，財富與權力擁有者若相信這些都是自己應得的，那麼這份信念將會是最容易複製的。妳從小就處於一種難以察覺的邏輯矛盾裡。一方面，妳對於有些孩子因飢餓而哭著入睡而驚駭不已；而另一方面，妳也一直相信（就像所有孩子們），認為妳的玩具、衣服以及房子，都是自己應得的。在我們的心理，已經自動的把「我擁有××」，等同於「我應得到××」。當我們看到缺乏生活必需品的窮人們，我們心中的同情心會立刻油然而生，對他們的貧乏表達憤慨；然而，我們卻從未想過，他們貧窮的原因，或許與我們富庶的過程，其實是一樣的。這是一種心理機制，說服這群擁有者以及有權者（通常是同一種人），他們擁有較多的資源都是合理、正確且必須的。

不用苛責他們，因為，當我們要說服自己事情的規則秩序是合理、自然且恰當——特別是有利於我們自己時，這是非常容易的方式。但是同時之間，身為一個青少年，妳必須得時時察覺，別讓自己接受了這種不公平、令人憤怒的意識形態。當妳覺得這種令人憤慨的意識形態難以避免，發覺自己快要屈服、軟化時，要記得它是如何開始的：都是赤身裸體來到世間的嬰兒，卻過著截然不同的生活——某些人可以穿著昂貴衣裳過日子，某些人卻注定過著飢餓、剝削以及悲慘生活。要維持妳的憤慨情緒，可是要敏感、有戰術的運用，一旦當時間來到，妳可以把這股情緒用在該做的事情上，讓這個世界變成真正合理、自然、恰當的世界。

2

市場社會的誕生

The Birth of the Market Society

【第 2 章】市場社會的誕生

現在是愛琴娜島的夏季，此時正是黃昏時刻，我們一起坐在陽台上，望著海面上火紅的夕陽，看它慢慢沉入伯羅奔尼薩山背後。就像小時候我的父親常對我做的，我也開始對妳解釋，太陽沉入海平面顏色會變得火紅的原因，還有其他專業術語。妳的寶貴時間，就這麼被我破壞了。

在同個傍晚，稍晚的時候，我們與我們的朋友，以及他們的年輕兒子佩瑞，一起搭著船，前往一間位於馬拉松海灘、我們很常造訪的小酒館。當我們在點餐時，佩瑞開始說起笑話，他成功的讓我們全都笑開懷，包括了總是最後一個展開笑顏的妳，這讓妳看起來比平時容易親近多。

我們的船停在酒館對面的碼頭，在餐點送上桌之前，把漁船停在我們船隔壁的柯斯塔斯船長，開口請妳幫忙。他的船錨被海底的岩石卡住，就在他試圖把船錨拉起來時，船錨鍊條啪一聲斷掉。「拜託妳」，他開口說，「因為我知道妳非常喜愛潛水，妳能否跳入水中，把這條繩子穿過船錨的鐵鍊上？」我雖可以自己來，但我的風濕今天早上又開始發作了。「沒問題」，妳回答；當妳驕傲的潛入海裡，妳把握了成為女英雄的機會。

夕陽。妳對我的不耐煩。佩瑞的笑話。因為柯斯塔斯船長的請託而跳入水中享受著潛水樂趣。這些都是妳這個夏天所擁有的樂趣。從定義來看，這些都是「美好之事」(goods)，與「不好之事」(bads) 恰好相反，例如朋友受傷、必須要做一項無聊的作業、覺得寂寞、或是對事情有股不確定之感等。現在，讓我們進一步比較這些美好之事之間的差異：有一些可以讓妳的生命充滿深深的滿足與快樂，有一些則屬於經濟層面上的，例如在店面貨架上或在亞馬遜網站上發現某項商品，或是被電視一直洗腦鼓吹某項妳所需的產品。大概就像是這些，但帶給人的感覺絕對很不一樣。雖然它們還有另一個意義——「產品」(goods)，但或許用另一個詞語「商品」(commodity) 來稱之，比較不會令人混淆。

那麼，產品與商品的差別，究竟何在？

兩種價值

愛琴娜島的黃昏，佩瑞的笑話，以及為了柯斯塔斯船長而潛水等，這些事情從來都不是用來銷售的東西。至於商品，則是為了銷售目的而生產出來的產物。我不確定妳是否曾注意到，在我們居住的社會中，我們很容易將產品與商品混淆。我們常常覺得愈貴的東西愈好。而且，更重要的是，我們也常常認為，如果有人付妳愈多的錢讓妳做某件事，妳愈能夠把事情辦好。但是，事情並非總是如此。沒錯，對商品而言這個認定是正確的：妳願意付給蘋果公司愈高的錢購買一台 iPad，或是付給鎮上的小酒館製作美味的茄子千層派，蘋果公司生產的意願就會提升，小酒館做給妳的千層派就會更大一份。可是對佩瑞的笑話來說，這個前提就不一定成立了。假如我們跟佩瑞說，請他說更多的笑話，我們將會依照我們的笑聲來付他費用，他肯定覺得奇怪，也會變得不自在了；付錢這個預期可能會讓他喪失了幽默感。

讓我們再以妳與柯斯塔斯船長的例子來看：若他付錢給妳並請妳潛入水中，妳或許不會獲得這些樂趣。突然間，一個動作的價值，可能會讓利他以及冒險的感覺頓然喪失，而且，即使可以獲得小筆現金，也沒有辦法彌補這種失落感。

假如佩瑞長大成為一名專業的喜劇表演者，或者當妳長大成為一個專業的潛水員，他的笑話以及妳的潛水確實都會變成商品：妳們可以以某特定價格將它們銷售出去——它們都會獲得一個市場價格（market price）——且這個價格將反映其交換價值（exchange value），也就是在市場中與其他東西交換的價值。但是，除非且直到這個前提真的發生，上述情況才會成立，否則，它們是完全不一樣的一種價值；我們可以將其稱為體驗價值（experiential value）。潛水、夕陽、笑話，這三者都擁有極高的體驗價值，而且無法與其他東西交換。

這兩種價值，體驗價值以及交換價值，其實是完全不一樣的。然而，在當今社會中，我們總是把產品當成商品，也使得所有價值都被經濟學家以各種費率拿來衡量——就像交換價值一樣。沒有價格，無法銷售的東西，常被認為是無足輕重，但是只要是擁有價格的東西，人們卻渴望擁有。

要說明這種混淆的情況，有一個非常好的例子，就是血液市場。許多國家裡，捐血者自願免費捐輸自己的血液，是因為他們覺得自己不得不救助身處於危難的同胞。在其他國家裡，捐血者在捐血後會獲得金錢的補償。妳覺得哪個地方捐出來的血液比較多？

【第 2 章】
市場社會的誕生

在我尚未問完這個問題之前，我打賭妳心中已經猜到答案：根據觀察，提供捐血者金錢補償的國家，所獲得的血液明顯少於民眾自願無償捐血的國家。金錢報酬似乎成為願意免費捐血者的阻礙，而非吸引民眾捐輸血液。

把產品與商品混淆的人們，不明白金錢為何會降低捐血的意願。他們不明白，潛在的捐血者決定不捐，僅因為他們獲得金錢回饋。但倘若妳回想柯斯塔斯船長對妳的請託，就很容易明白了。當他拜託妳潛入海底，而且就在晚上，幫他處理船錨的事情，那股「為善」、成為女英雄的感覺，讓妳克服在黑暗海底的恐懼，以及必須脫掉衣服、全身又濕又冷又鹹的不方便之感。假如他這麼說：「我給妳五歐元，請妳跳入水裡」，妳或許可能不會幫他了。

同樣的道理也發生在捐血上，許多捐贈者因為捐血而感到喜悅，但當他們獲得金錢回饋，這個感覺就會從奉獻轉變成交換，就會破壞這股喜悅感；因為這些錢並不足以補償血液的損失，更別提對所耗費的時間與針頭刺進皮膚造成疼痛的彌補。

劇作家王爾德曾描寫一個見利忘義之人，他們知道每件事都有其價格，卻不明白每件事的價值。而我們的社會，卻快把我們變成這種人。沒有比經濟學家還更見利忘義的人了，因為他們把交換價值視為唯一的價值，把體驗價值視為微不足道、是社會裡不需要的東西；他們認為社會中的每件東西，都可以依據市場條件做評價。然而，交換價值究竟是如何凌駕於經驗價值呢？

每樣東西的商品化

請想像一個景象：現在是復活節的周日，我們從早上開始吃吃喝喝。大人們已經忙了兩天，準備這些食物、布置家裡以及擺設桌面。傍晚，在宴會結束，家裡一團混亂時，我請妳幫忙整理家裡。妳不耐煩的問：「爸爸，我要付你多少錢，才可以不用做這些家事？我把撲滿的錢給你。」妳認為我會怎麼回答？非常簡單，沒有任何價值足以降低我的失望感。

在家庭、朋友以及社群裡，人們為他人做事，這當然也是一種形式的交換，但是，這種行為完全不具有商業感，一點也不像市場中的交易。在家裡，當我洗碗而妳去倒垃圾，此時我們正在交換彼此的勞力；這種交換較像是聖誕節交換禮物，或是鄰居之間的團結合作，在需要的時候彼此幫助。這種交換是個人化的，反映出一種長久穩固、有深度、家族、共有的聯繫與感覺。而市場交易恰恰相反：這是一種短暫、冰冷、非個人化的行為，就像妳在亞馬遜網站上按下一個按鍵購買一本書一樣。

在很久以前，多數產品的生產，都不是發生在商業交易的途徑內；換句話說，不在市場之內。它們的生產，比較接近我們家裡勞力分配的方式。當然，這並不代表當時的環境是一個比較好，或比較有倫理的世界。沒有上千年、也有數世紀的時間，女性一直處於父權體制與性別歧視的環境，更別提農奴以及奴隸們，他們在有形或無形的桎梏之下，都要完成所有的苦工。所以實際的情況是，多數的工作，多數的生產，都是在家庭相關的範圍之內發生，因此成了希臘文「oikonomia」（家庭管理）這個字的起源——此字主要包含了兩個字，一是oikos（家庭），另一個是nomoi（法律、規則、限制）。這是「經濟」（economy）這個字的字源，從字義來看，是「經營管理家庭的法律」的意思。

一個從事農作的家庭，會生產自己食用的麵包、起司、糖、肉類、以及自己穿的衣服等。在好年冬裡，農作的收成豐盛，甚至還有剩餘，這個家庭便會把這些剩餘的農作物，例如剩餘的番茄或小麥，拿去與其他農夫交換他們自己無法生產的東西，例如鐮刀或杏子。至於必須勒緊褲帶的歹年冬，這些交易就會停止，因為大家都沒有剩餘的產品可以相互交換。在人類的歷史上，多數時候，家庭經濟主要生產出產品，偶爾才會生產商品。

過去兩三百年來，我們的社會開始慢慢變了。愈來愈多的產品，已經轉變成為商品，為了個人使用而自己生產的物品，已經愈來愈少。舉例來看，妳看我們廚房櫃子裡的許多東西，它們的交換價值，已非我們家庭用任何方式可以生產的出來的。

這種商業化的情形——以及交換價值不斷凌駕於體驗價值的情況——並不會在我們的廚房裡停止下來。從前的農夫們可自行生產原物料，例如動物飼料、燃料以及種子。而如今，農夫們得以用較便宜的價格，向擁有技術能力的跨國企業購買原物料，例如可以讓牛隻快速增壯的飼料；最新技術使用燃料的動力拖曳機；基因改造的種子可以讓作物更耐熱、耐霜害，甚至是來自相同公司所生產的化學農藥等。為保證他們的獲利，現在的企業甚至還使用專利，來維護自己在法律上對這些基因種子，或是實驗室裡改造出來的新種動物之所有權。在這種方式下，讓整個市場發展到甚至連基因，也擁有其交換價值。

這種商業化的情形已一點一滴地發展到各處：即使是一個女人的子宮，也因代理孕母的合法化，不孕夫妻可正式租用孕母並將胚胎植入其體內、替雇主生育，而有其交換價值。相信不用多久，我們將可買賣外太空的行星，將市場版圖與交換價值的崇高地位，從微觀世界延伸至外太空的無窮宇宙。

在這個過程中，「經濟」一字已經不太適用。在妳成長的這個社會裡，已經與「oikonomia」此字之原始意義無關。我們目前生產與消費的多數產品，是在家庭以外所製造，因此，經營管理家庭的法律、也就是經濟的原始意義，已不能闡述現今經濟的面貌。或許用來形容當今經濟的合適詞語是「市集學」（agoranomy），也就是經營管理市集（agora）——市場的法律。不過，既然「經濟」這個詞語仍為大眾使用，我們也會繼續使用它。

除去市場邏輯的世界

如妳所知，古希臘詩人荷馬曾在其史詩裡提到，特洛伊之戰的支持者，為了獲得「美好之事」，例如光榮、戰利品、榮譽、以及國王阿迦門儂的恩典下所帶來的好處等等，做盡了苦差事，不斷的爭鬥打仗，甚至犧牲了自己的性命。而第一戰士阿基里斯，則因為國王阿迦門儂佔據了他在戰爭上贏得的戰利品，對他感到十分失望，因此離開了軍隊，在特洛伊戰爭的多數時間裡拒絕出戰。即使阿迦門儂深知自己急需阿基里斯的幫助，但他毫不考慮的拒絕了以金錢作為誘惑——給予阿基里斯一筆錢以作為他帶回戰利品的彌補。他知道，假如他提出了這個提議，阿基里斯無疑會感到更生氣。

不僅古希臘詩人把非商業化的產品，視為真正具價值的產品，連羅馬詩人奧維德也曾在作品中提到，希臘戰士埃阿斯以及奧德修斯，在相互爭吵誰可獲得剛被殺害的阿基里斯所留下來的武器——阿基里斯的母親要求匠神赫菲斯托斯，所精心打造的工藝品。根據奧維德的著作內容，希臘將軍們最後同意先傾聽雙方的論點，再來決定誰可擁有這支具有半神力的兵器之資格。最後，奧德修斯提出自己打造特洛伊木馬而贏得戰爭的勝利，這個論點讓他獲得這個兵器的資格，戰勝了無所畏懼的埃阿斯戰士，而埃阿斯最後也在聽完同儕們的裁定後，悲劇的結束自己的性命。

對這項有價值的工藝品之爭議，若發生在今日，該如何解決呢？我們很有可能舉辦個拍賣會，出價最高者，就可帶著阿基里斯的武器，輕鬆走出場。那麼，古希臘人為什麼沒有想到拍賣這些武器？因為拍賣根本沒有意義，也是很冒犯人的事，因為對埃阿斯以及奧德修斯真正重要的，並非武器的交換價值。他們在乎的，而是另一種價值：同儕認定他們值得擁有阿基里斯的武器，這是一種榮耀。假如一場拍賣會中，出價最高者就可以獲得這項兵器的擁有權，那麼，攜帶阿基里斯的兵器就會變成一種羞辱：拍賣會的贏家每回在帳篷裡看到這個兵器時，就會想起自己並非以功績贏得肯定，這才是個失敗。

造成古代世界與現今世界差異的原因，正是古代擁有市集的社會，與當今以市場為導向的市場社會（market society）之間的差異。回到荷馬的時代，只有極少數的產品，在市場上流通。商品、市場以及交換價值，在古代確實已存在，而且扮演重要角色。古代腓尼基人、希臘人、埃及人、中國人、美拉尼亞人，以及無數的其他貿易人士，旅行了數千英哩，帶著各種產品從世界的一端來到另一端，就是希望可以享有各地之間，不同交換價值之下的利益。然而，這些社會並未被市場的邏輯所支配統治。想要了解荷馬史詩裡的角色、或是人們在羅馬帝國或中世紀為何會有這樣的行為，我們首要必須了解他們的文化或體驗價值。

正如當代的韓國或美國生意人，無法理解阿基里斯、奧德修斯以及埃阿斯的行為；古代的戰士們，也會對現代人們的行為感到不解。為了理解周遭人們為何這麼做，妳必須要明白他們的行為，已在交換價值至上的市場社會裡根深蒂固。唯有用經濟（或者，應該說是市集學）術語，才能了解市場社會的生活面貌。當然，文化、傳統以及信念依然很重要，但是，即使在一些市場較偏遠，或是體驗價值仍為主導的地區裡，也常利用自己對市場的影響性，展現其影響力。這就是我為何要不厭其煩地與妳聊聊經濟學的原因。

現在，我的問題是：擁有市集的社會，是怎麼慢慢演變成市場社會？

市場社會的起源

生產的過程需要三個基本要素：

- 終須從大自然裡取得的原物料（例如鐵礦砂），用來工作所使用的工具與機械；為上述提供遮蔽空間的圍籬與建築；一整套琳瑯滿目的基礎設施——這就是所謂的生產工具，或者，經濟學家們稱之為資本財（capital goods）。
- 土地或空間，例如農田、礦場、工廠、工作室或是一間辦公室，就是用來生產的地方。
- 將產品注入生命的勞工。

在早期社會裡，這些生產要素都不是商品，它們都是財物。以人類的勞力舉例來看，人們自古以來一直在工作，或許古代人甚至比現代人還要辛苦。

然而「勞動」這件事——人類付出勞力辛勤工作，這是非常普遍的情形；但是現今我們所謂的勞力市場（試想報紙最後一頁雇主所刊登的求才廣告），這在古代並未為人所知，甚至沒有人曾想到過。在奴隸時代或是封建社會裡，奴隸與農奴雖然辛苦工作，卻從未將其勞力銷售（或出租）給他們的主人。主人僅以其權力力量，多數以暴力威脅做為後盾，就這麼的佔據他們絕大多數的收成。至於他們的工具（生產所使用的生產工具），主要由農奴自己所製造，或者是由同一土地上的工匠所打造；這些工匠以這些工具與農奴交換農作維生，多少就像是家裡餐桌上的菜肴，每個人都貢獻一點東西。至於最後一項土地，它也不是一種商品：當時的人們要不就是一出生就擁有土地，因此絕不可能會想把祖先的土地賣掉，否則將會因此行為而被唾棄。要不然，就是出生在農奴之家，一輩子注定不可能擁有自己的土地。

市場社會的來到，是在最有生產力的活動開始被導入市場而開始的。而此三大生產要素才因而轉變成為商品，在整個過程中獲得交換價值。勞工開始被「解放」，在新形成的勞力市場裡用自己的勞力來換取金錢。工具絕大多數是由專業的工匠所製造與銷售。最後是土地，它因在新興的房地產市場中買賣、租賃而產生了交換價值。

這個巨大的轉變，是如何產生的？為什麼突然之間，這三大生產要素會搖身成為商品？

全球貿易

正如妳所能想像，這是個很長的故事，假如我要慢慢講完每個細節，妳可能沒有耐性聽我說完；因此，簡單的來看，以下是其轉變的簡化過程。事情是發生在歐洲開始建造船隻，使用指南針（是由中國人所發明），且海上航行探險技術已有進步的時候。上述種種讓歐洲船員發現了新航線，因而引發了全球貿易的興起。

來自英格蘭、荷蘭、西班牙及葡萄牙的商人，在英格蘭與蘇格蘭把毛料裝滿船艙，出發到了上海去交換中國的絲綢，而在返回西方之前，到橫濱交換日本的刀劍，再航行到孟買用這些刀劍交換香料，等回到英格蘭後，再用這些香料交換到比出發前更多更多的毛料。之後，這整個過程再循環一次又一次。

在這個過程裡，像是毛料、香料、絲綢、刀劍等產品，搖身成為具有國際價值的財物——來自全球各地的產品，其交換價值被各國所認定——而在新市場中銷售這類財物的商人或製造商，變得非常富有。在英格蘭及蘇格蘭的領主、地主們，看到累積了大量財富的社會次等階級者、商人、以及投機的水手們後，開始害怕自己的財富將會比不上他們，自己的地位也會被威脅，因此他們開始出現一些不可思議的念頭：既然無法打敗這些低級的商人，何不一起同流合汙？於是他們從城堡高塔的窗戶往外遠望，看到一群在他們土地上辛勤工作的農奴，心想：這些農奴種植洋蔥與甜菜有什麼用？在國際市場上，這些甜菜有什麼價值？完全沒有！

因此地主們做出大膽的決定：拋棄這些易腐壞的作物，例如甜菜與洋蔥，因為這些東西根本沒有進入新興國際市場的機會。他們開始在土地四周建上圍籬，圈圍出一大片範圍。再把這群可憐的農奴趕走，改換一批綿羊回來飼養，綿羊除了溫馴，羊毛也可以賣到國外賺到一大筆錢。因此，英國開始歷經人類史上最劇烈的轉變，也就是所謂的圈地運動。

在數十年的時間裡，所有事情都變得不一樣了。英國鄉間完全改頭換面，而農奴間盛行數世紀的世襲——一代又一代居住在相同土地，為同個領主或地主工作，承襲父母的習慣及職業，突然之間全部停止了。超過七成以上的奴隸，被趕出家園以及祖先的土地。這過程雖然非常具有破壞性、野蠻、殘忍，但也非常有效。

英國從一個單純擁有市集的社會，轉變成為一個以市場導向的市場社會，在這個過程中，由於農奴被趕出來，包括勞力與土地，也開始變成了商品。怎麼會呢？如果突然之間，我們發現自己被拋棄在英格蘭鄉間的一條泥濘的路上，無家可歸，妳覺得該怎麼辦才好？我們或許會徒步走到下個村莊，對著第一間發現的屋子敲門並懇求的說：「我願意做任何事，只希望您能給我一塊麵包與遮風避雨的地方。」這麼一來，勞力市場於焉產生——一個市場裡的勞工若缺乏土地或工具，就必須拍賣自己的勞力，將自己的勞力商品化才得以生存。

事情就是這樣發生的。成千上萬的農奴們走在布滿車痕的道路上，他們唯一擁有的財產，就是他們的勞力。他們的父母或祖父母，並不需要以出賣勞力的方式工作，但這些農奴被迫成為勞力商人，以自己的勞力來與他們交易。不幸的是，他們總共花了數十年，這個新勞力市場才算建立好；一開始，願意花錢雇用這數千位曾是農奴們的買家並不多，直到數十年後第一間工廠建立了後，對勞工的需求才開始出現。在此之前，還沒有這麼多雇主可以吸收這麼大批失業農奴的勞動力，因此飢荒、疾病以及窮苦席捲全國，這是先前的承平時期前所未聞。

土地也發生相同的情況。當領主或地主買進了大批綿羊取代農奴之後，他們發現，監管這批綿羊羊毛產量的方式之一，是可以將土地租給他人，而租金價格可依照這些羊毛可以產出的國際市場價格而定。牧場的牧草愈是密集，可飼養的綿羊數量就愈多，可生產的羊毛就愈多，如此一來，每英畝的租金就愈高。簡而言之，一旦羊毛具有國際價格，要想再取得一塊美麗的英倫綠地，只要趕走農奴並且改飼養肥美的綿羊就好。

但是，誰會想要承租土地以及飼養綿羊呢？部分之前的農奴們願意。他們若不租，日子可能就會過得非常貧苦。因此他們與地主簽了租約，希望日後在市場上把羊毛賣掉後，可賺到錢來支付租金、付給其他為其工作的農奴當作薪水，還有足以養活自己的家人。

當所有農奴變成生意人的時候，也是祖先的土地轉變成商品的時候。以前在封建制度之下，這些農奴必須在土地上工作養活自己，而領主或地主則可直接取走農奴的農作收成；在整個生產與分配的過程裡，市場完全不存在。然而，就在農奴被驅離了之後，多數人被迫必須參與某種市場；多數農奴參與了所謂的勞力市場，他們努力銷售自己的血汗，擔心自己的辛勞可換取到多少價值。有些農奴則繼續為他們原來的地主工作，但此刻他們已有了全然不同的身分：第一是承租者的身分，至於租金則是依照羊毛的價格而定；第二則是創業者的身分，時時刻刻擔心羊毛在市場上的價值會波動。在以往，他們父母親那一輩總是生活在擔心之中，他們害怕主人不會留下足夠的農作收成給他們過冬，可能會因而餓死；但如今，他們的憂慮不一樣了：我們能夠把這些羊毛賣掉，賺到足夠的錢支付租金以及購買足夠的食物養活孩子嗎？

工廠：歷史的灰色實驗室

讓我簡單用烘焙舒芙蕾來比喻工業革命：圈地運動為工業社會的興起，提供了所有烘焙素材。但，萬事俱備，只欠東風，我們還需要熱能才能開始烘烤；而這股東風，一直等到十八世紀的下半葉才來到。它是一棟棟灰色、非人性化的建築物，還有煙囪吐著黑色的熱氣：它們是工廠，內部裝置著永不停歇、由蘇格蘭發明家詹姆士·瓦特所構想出來的蒸汽引擎。工業革命翩然的來到。

「工業革命為什麼是發生在英國，而非法國或中國等其他國家？」我聽妳這麼問道。其實原因有許多，其中之一是，身為一個島嶼國家，英國在地理位置上遠離了遭混亂戰爭摧殘的歐洲大陸，同時間，航海歷史也成為英國在國際貿易上開發新市場的優勢。另外，這與其富饒的自然資源也有關，例如煤炭、龐大的人口、海外的殖民地，特別是在加勒比海地區，有許多來自非洲的奴隸，在這些殖民地上工作。但，我還想到另外三個最重要的原因是：英國地主不像指揮著龐大軍隊的歐洲或中國封建領主們，他們並沒有自己的軍隊，因此他們沒有使用蠻力的這個選項，只能以貿易方式強壯自己。同時，英國地主們受惠於權力相對較大的中央政府：當地主面臨桀敖不馴的農奴，不願離開自己的土地時，此時統領強大軍隊的君王，就會前來幫助解決問題。最後一項則是，英國的土地所有權相對較於集中，由少數幾個地主所把持，這代表的是，要大規模驅趕農奴，只需得到少數地主的同意。

要看工業革命在英國是如何發生，就讓我們一起再回到烘焙的這個譬喻，我們把英國想像成一個大鍋子。首先，將上述提到的所有配方材料（地主的弱勢軍力、強大的中央政府等等）都丟到這個鍋子裡，讓它們浸泡一陣子。接著，加入商人們以及貴族階級在某些國際貿易上買賣某些商品，例如毛製品、布料以及金屬等所累積的財富。再放入一批批在街上乞討、求得溫飽與工作的失業農奴。最後，用瓦特先生的蒸氣引擎作為熱能，這種引擎同時可讓一千台織布機或攪拌器用力的動起來。加上一點運氣，工業革命首度以工廠的形式，開始從這個鍋子裡發生。就在這兒，在英國詩人威廉布萊克所形容的「暗黑撒旦工廠」裡面，那群不幸農奴的後代終於找到了工作，成為歷史上首批在工廠裡上班，並排的與新式蒸氣引擎一起工作的工人。巨大的矛盾交換價值戰勝了體驗價值，改變了整個世界，無論是變好或是變壞。一方面，財物、土地以及勞力的商品化，讓壓迫、不公以及不幸的農奴身分得以終結；自由的新觀念開始萌生，還有廢除奴隸制度，以科技為所有人生產足夠的產品，均成為可能。但是另外一方面，前所未有的新形態悲慘、貧苦、奴隸制度也於焉產生。

隨著市場社會的出現，農奴被趕出了可耕種的土地後，這些已無田地可耕的農人，有的變成了工廠的工人，有的則是支付租金給地主，繼續當農夫。無論當工人或是付租金繼續當農夫，都是出於個人的自由意願，然而，這種自由也伴隨著新枷鎖。雖然勞工開始可依照個人喜好與意願，但他們卻完全受到市場的支配——唯有等到有雇主願意付錢交換他們的勞力，或是有買家願意購買他們的羊毛，他們才得以享受自由。沒有土地，他們可以遊走任何地方，但也必須冒著完全無家可歸的風險。

那些找到工作的人，每天都在令人窒息的廠房工作超過十四小時，例如在曼徹斯特的工廠，威爾斯及約克夏的煤礦場，以及克萊德河畔的造船廠。當時有報紙報導，在英格蘭與蘇格蘭發現許多十歲左右的孩子們生活在工廠裡，日以繼夜的在蒸氣引擎旁邊工作，盡可能的擠榨自己的勞力。懷孕的婦女不間斷的在康沃爾的錫礦廠工作，甚至有人被迫得在沒有任何協助的礦坑通道生產。大概在同個時間裡，在牙買加以及後來成為南美洲的一些殖民地區，所有的生產依然仰賴從非洲拐騙來、依其交易價值買賣而來的奴隸們。

這是人類歷史上前所未見的景象。或許沒錯，人類從很早的時候便開始全球化的過程——正如妳所知，所有人類的始祖可追溯從非洲開始。然而，全球化催生工業革命，工業革命也強化了全球化的過程，造成了巨大的矛盾：帶來難以想像的巨大財富，但也同時帶來難以言語的痛苦。因此，由農業革命帶來的不公平——我們在前一個章節已經討論過，如今變得更巨大。

「有錢能使鬼推磨！」

妳應該很常聽到這句話。或許這句話很性惡，道出人性的悲觀面，但不幸的是，事實好像多半是如此。然而，儘管金錢是現代人生活中最重要的部分，但這裡我想要告訴妳的是，在過去，事實似乎不盡然總是如此。

金錢或許是一項重要的工具，可以幫助人們達到目標，但金錢在過去，仍不是人們努力的目的。在以往的封建制度之下，領主或地主從不曾想到要賣掉自己的城堡，無論別人出多少價錢。他們只覺得這是不道德及不敬的行為。倘若領主出於需求而被迫這麼做，他會視此為極大的侮辱，而且對自己感到非常失敗。但時至今日，只要是價格合理，城堡、畫像或遊艇的買賣十分常見。在交換價值戰勝體驗價值後，當擁有市集的社會，慢慢演化成為以市場為導向的市場社會之後，還有一件事慢慢發生了：金錢從工具，慢慢變成為人們的終極目標。

對於這個現象的發生，這裡我要給妳一個更簡單、更簡潔的解釋：人類創造了利益動機。利益動機難道不一直是人類的天性嗎？不，不是的。人類確實貪婪，總有一股忍不住的衝動，想累積權力、囤積黃金、藝術品、土地，結交時尚的朋友。但利益與上述大不相同，不，應該說，它並不是推進歷史的重要動力，直到近期才是。

【第 2 章】
市場社會的誕生

接下來，在下個章節中，就讓我為妳解釋一個更令人費解的觀念：利益逐漸成為人類做事的主要誘因，是伴隨著負債這個新角色而來。

3

負債與利益的結合

The Marriage of Debt and Profit

【第3章】
負債與利益的結合

「我就在地獄。」劇作家克里斯多福．馬洛的著作《浮士德》裡有一段故事，當邪靈梅菲斯特突然出現在主角浮士德醫生面前，浮士德問他是否曾去過地獄。「無論我去何處，我就在地獄」邪靈這麼回答他。

我知道妳還未讀過這本劇作，還不知道浮士德是如何將自己的靈魂出賣給邪靈。之前我未把這本書介紹給妳閱讀的原因，並非故事令人毛骨悚然與不舒服；畢竟妳讀過的格林兄弟童話，多數的故事裡涉及血腥與不適，其實是更糟的。不讓妳閱讀的原因，是因為《浮士德》只有一個非常不適合孩子的觀念：負債。

馬洛的著作內容，大概是這樣：邪靈梅菲斯特接近浮士德醫生，是想提出一個建議。他可讓浮士德在二十四年裡享受全然的權力及無止盡的快樂，但唯一的條件是浮士德必須在此之後，獻出自己的靈魂給邪靈。浮士德思考後覺得，享受二十四年的全能與喜樂已經足夠，而且梅菲斯特在時間到達時，可以隨他所欲的滿足自己。因此他答應了，邪靈梅菲斯特微笑著並要求他簽下合約；浮士德用自己的鮮血簽下自己的名字，而非以墨水。

人們總是一直欠下債務。當某鄰居在另一位鄰居有需要的狀況下提供幫助，後者在表達謝意時，通常會這麼說：「我欠你一次。」即使不用簽下合約，在雙方出自「共好」的前提之下，都會認為一旦時間到了，好事就會回報，就能償還心理上的道德負債。然而，從兩個層面來看，「欠人情」的這種共好，與現今我們所謂的負債並不一樣：第一個不同處是合約，第二，則是所謂的利益。

「今天您鼎力相助，我將於來日奉還」這類非正式約定，因為合約的關係，就會成為具有特定條文的法律規範，內容以交換價值為表現形式，多數時候以金錢示之。在合約裡面，像是大家都知道的貸款，多數時候，貸款收受者（債務人）最後會支付給出借款項者（債權人），除了本金以外，還包括其他的東西，通常是更多的金錢。因出借貸款所衍生出的特定收益，叫做利息。不一樣的地方在於：若是在共好的前提下，彼此互助的動機是在做善事時所帶來的體驗價值；妳在助人時內心油然而生的溫暖，就像是妳幫忙柯斯塔斯船長解決卡住的船錨一樣。但是，若是具有法律效益的借貸合約，妳的借錢動機，就是在對方回饋時可以賺取某些交換價值：從對方歸還的利息中獲利。

在浮士德醫生的故事裡，邪靈梅菲斯特對共好的交換並不感興趣。他對於把應該下地獄的人拖入地獄，已經感到厭惡與疲倦；他希望可以設下誘惑，以得到更大的報酬：一個好人在其自由意志下，選擇遭受永恆的折磨。在雙方同意之下，他開始施予好處給這名好醫師。當他們約定的二十四年極樂期限即將結束，當時間分秒接近當日的午夜十二時，這位醫師對自己簽下的合約，陷入深深的絕望與懊悔，他才明白自己必須付出可怕的代價。

浮士德及其欠債於邪靈梅菲斯特的故事，其實非常重要，因為這反映出人們對於當下社會，從一個擁有市集的社會轉變成市場社會的焦慮。馬洛在十六世紀寫下這個劇作，其實並非偶然；當時交換價值才剛剛出現，它一點一滴，慢慢的凌駕於體驗價值之上。這個故事道出自由選擇、具有約束力的合約、負債與利益之間的關係，也完美呈現現代歐洲初期所出現的利益動機，及其造成的焦慮感。

所以，我想告訴妳的是，浮士德與邪靈梅菲斯特的故事並不是童話；它在人類歷史上造成了苦痛時期，而負債與利益就在這段時間裡相伴而生。

就讓我們看看這是怎麼發生的。

大反轉

在封建時代裡，如我們在第一章所討論，盈餘是經濟體存在的前提，而盈餘具體的產生過程，主要如左上圖。

生產→分配→負債／信貸

這流程的解釋是：首批農奴在土地上工作，生產出產品（生產）。封建領主派他的保安人員取得農奴的產出配額——必要時可強制取走（分配）。最後，領主享用完他取走的產品後，再將剩餘的銷售出去，讓他有錢可以再買其他東西、支付服務，以及發行貸款（負債／信貸）。然而，一旦土地與勞力商品化了後，就發生了大反轉：分配再也不是發生在生產之後，而是，在生產尚未開始之前，就已經開始先分配了。這怎麼可能呢？

回想當時英格蘭那群被驅逐出土地、且被綿羊所取代的前農奴們，他們開始向領主承租土地，開始負責監督與生產可賣出獲利的羊毛與農作，再利用這些錢支付租金給領主，支付薪資給少數雇用的勞工。換句話說，這群前農奴把整個生產過程，規劃成小規模的事業，他們向領主承租小塊土地，聘僱其他沒土地與工作的勞工。

但是，要讓這個過程開始啟動，這群小規模的事業經營者，在他們生產出任何產物之前，都需要一些現金才能開始——例如支付薪資、購買種子、以及支付租金給領主。因為在作物收成賣出之前，這些搖身成為創業者的前農奴，根本沒有足夠的錢支付這些費用。那麼，是誰借錢給農奴們呢？極有可能是領主本身，或是地方的高利貸，之後再跟農奴們收取利息。但無論是什麼，債務就這樣產生了。

付給勞工的薪水，給領主的租金，還有用來支付原物料以及工具器材的費用，上述種種都是在生產真正開始之前，就已決定且同意了。創業者未來的營收分配，多數已在營收真正存在之前，就已經決定好了——事實上，在所有人都領到錢後，唯一一個不知道自己最終可以賺到多少錢的人，只有創業者本人。簡而言之，分配現在已經發生在生產之前了。

這就是大反轉發生的來龍去脈；負債因而變成生產過程的主要元素以及基本潤滑

劑。這也是利益變成目的的過程——若沒有利益，創業階層無法生存。試想，假如羊毛價格突然下跌，或者某個天然災害使得產出減少，他們不僅會餓肚子，還可能背上付不完的債務。一旦他們的貸款即將到期，他們會陷入更深的絕望中。無法支付所欠的貸款以及利息，他們終將成為他們債務的奴隸，就像浮士德醫師一樣！

財富與競爭

正如我們所看到，在封建制度之下，農奴不需要監督就會努力工作，且在領主拿走配額之後，自己再保留剩餘的作物。那時候還沒有所謂的薪資，因此追求利潤仍不是生存的主要重點，負債也非多數人的重大議題。因此，財富只存放在領主的大房子與城堡中。有權有勢的人們並不是用投資、做生意與利益來累積更多財富，而是掠奪其他封建領土或人民，想辦法更接近國王的權力核心中心，或是與其他外國國家交戰等等。這是他們確保自己夢想中的權力與榮耀的方法，至於追求獲利這個念頭，仍不曾出現在他們的心中。

然而隨著商人們開始想辦法賺錢獲利，累積財富的新方法於焉而生。想像自來水從水龍頭流入妳的浴缸，這就像注入事業的錢；再想像浴缸裡的排水塞子沒有完全的塞上，流掉的自來水就是妳必須讓事業不斷運作所花費的費用。唯有從水龍頭注入的水量大於從排水孔流失的自來水量，浴缸裡的水位才會往上增加。當流入與流出之間的差距愈大，能夠賺的錢當然愈多；浴缸裡的水位愈高，可累積的財富也就愈多。

在封建制度裡貴族階級的領導地位，是受到政治、軍隊、法律、風俗等所保障。他們很少有動機去更新技術以增進生產力，或是提升財富累積的速度等。對照之下，對於新崛起的商人而言，沒有人或事能夠有能力或願意保證他們的生存，這也就是追求利潤，成為能夠保障他們生存的原因與唯一方式。不同於貴族們，由於任何人都可以選擇創業、經營生意——當然也願意且能夠負起必要的債務——因此每個生意人彼此間，對資源、客戶以及生存等，立刻進入一種相互競爭狀態。

只要有人的產品能夠以最低價格賣出，就可以吸引最多顧客。只要有人可以用最便宜薪水聘僱員工，就可以賺到較多的利潤。誰能夠最快提升員工的生產力，就能夠贏得這場競爭。新技術能夠帶來競爭優勢，因此每個生意人都想要獲得。這也是新發明，就像是詹姆士瓦特的蒸氣引擎，能將工作室搖身變成工廠，能迅速被使用的原因。

當然，科技也是有其代價。為了添購新設備與器材，通常得要借貸更多的資金才行。縱使額外的舉債有機會帶來更多的利潤，然而一旦中間有環節出了岔，失敗的速度也會更快。當這些創業的生意人的債務、利潤與焦慮愈來愈大，他們之間的競爭也會愈來愈激烈。他們必須盡可能降低勞工的薪資，以免最後以破產收場。隨著難以想像的財富速增，債務也迅速膨脹，而貧窮的現象也愈來愈嚴重。此時富有的人愈富有，但同時之間，破產迎來的是勞動濟貧所，大批勞工面臨更嚴峻的工作環境。

現在，妳明白舉債才是真正點燃工業革命引擎的動力，為少數人創造出堆積如山的財富，同時也為其餘大眾帶來難以言喻的悲慘生活？在市場社會裡，所有的財富都是由舉債滋養而來，而所有過去三個世紀所創造出的不可思議財富，它們的存在，最終也要歸功於舉債。

浮士德醫師 vs. 小氣財神史古基

再回到浮士德的故事，妳應該要知道，當今人們所閱讀的故事版本——在戲院最常演出的——並非馬洛的原著《浮士德醫師的悲劇》，而是較近期由德國詩人歌德所撰寫的《浮士德》。馬洛是在十六世紀末創作了這齣劇作，而歌德則是在十九世紀初撰寫。這兩個版本故事的基本差異其實很有趣，至少從經濟層面來看。

第一個差異是，在馬洛的版本裡，浮士德醫師召喚邪靈，是因為上帝與聖經並不能說服他；他是宗教與思想上的叛徒。相較之下，歌德版裡的浮士德，是被某種卑鄙的想法所引動：一個愚笨的慾望，只為了自己能擁有權力。第二的差異同時也是最重要的是在故事結尾。在馬洛的版本裡，當浮士德二十四年的期限即將來臨時，他對邪靈梅菲斯特乞求、哭泣以及求情，希望彼此間的合約作廢，但最後徒勞無功。當夜晚來到，醜陋的幽靈出現，在閃電與打雷之中，浮士德被拖進了地獄。至於歌德的版本裡，則改變了浮士德的命運。

浮士德雖然沒有被拖進入地域，但歌德讓他向善做好事為自己「贖罪」(redemption)。因此故事中在期限到達之前，浮士德明白了自己的錯誤後，開始為大眾服務；故當梅菲斯特出現要求兌現合約時，此時上帝的天使出面打斷了梅菲斯特。天使吟唱道：「他努力奮鬥，也努力活著。他可以獲得救贖。」接著就帶著浮士德上了天堂。

讓我好好解釋這些差異的含意。妳知道現今的貨幣中介者——財務及銀行人員等等——是如何稱呼歸還債務的款項，包括利息嗎？他們也是用「贖取」(redemption)這個字。這是巧合嗎？一點也不。舉債有很長的一段時間，一直是個宗教問題。或許妳曾聽說過，現今的伊斯蘭教對於收取利息，仍是禁止的，至少在法律上。在馬洛撰寫他的作品時，當時的基督教也是如此。就像現在的回教徒，以前的基督徒也認為對債務收取利息是一項罪惡，他們稱之為高利貸。這也是當初觀賞馬洛劇曲的觀眾們，皆認為對舉債收取利息是一項罪惡，絕對必須對浮士德醫師施以懲罰，因為他毫不猶豫的給了邪靈梅菲斯特，其終極利息：他的靈魂。可是，在歌德的創作中，故事情節卻變得不一樣了。

但在我們現在所看到的版本裡，這些情節已經被改掉，原因是因為當時的社會已從一個單純擁有市集的社會，轉變成為市場社會，而這轉變就發生在馬洛與大幅倚賴舉債及利息的歌德時代之間。如果當時對舉債收取利息的固執反對及法律禁止沒有取消，工業革命也就不會發生了。收取利息的汙名，與土地及勞力的商品化，還有大反轉的現象，彼此間是無法同時成立，應該得被推翻——後來也真的被推翻了。

十六世紀從天主教會分裂出來的新教，對於利息汙名的推翻扮演了至關重要的角色。新教的出現是因為反對天主教宗以及神職人員，壟斷對上帝信仰。新教的信仰者認為，人人都可以直接與上帝對話，無須透過獨裁者的媒介，這讓原來的教會難以生存。突然之間，一般大眾，作為自己主人的每個人們，搖身成為改革後的教會之支柱。那麼，誰是這種自行賦予自主權力的最佳典範？在交換價值與追求利潤的觀念勝出的時代裡，商人、創業者們可說是新教裡最受歡迎的英雄。因此毫無意外的，新教接受了舉債需支付利息，以及謀取利潤均是上帝旨意的想法。

新教與天主教陷入逾百年的紛爭，證明了當時整個社會的變遷。因此，當時歌德的觀眾們，因為看到《浮士德》表演而受到啟迪及教化，歐洲人對於舉債非常的寬容，只要能夠償清債務的本金與利息就好。

某方面來看，歌德故事裡的浮士德醫師，與狄更斯《小氣財神》中的主角史古基，是剛好相反的角色。在狄更斯這個著名的故事中，吝嗇的史古基一輩子都在攢錢，他收集了堆積成山的利息，只願意花很少的錢。在故事的結尾，當「未來的聖誕精靈」帶他看到自己未來死亡的樣子：沒有人願意為他悼念，一對欠債於他的貧窮夫妻對他的過世感到歡天喜地。他終於豁然開朗，因此他打開了保險箱，開始花錢花錢花錢，藉由散播快樂予周遭人的方式，首次開心享受生活。妳想想，浮士德卻相反，他沒有累積錢財，也未抗拒享樂，他在這二十四年裡盡情享受生活，並同意付出極高的代價作為回饋。

史古基與浮士德兩人中，妳認為在歌德時代的新市場社會裡，比較需要哪一種人？當然是浮士德。為什麼？倘若我們都是史古基——不借錢也不花錢的守財奴——那麼市場社會的經濟體將會完全停止。

而這種現象，正是我們目前要面臨的景況。

4

銀行的黑色魔法

The Black Magic of Banking

就像任何一個生態系統，現代的經濟體若不循環，也無法生存。就像動物與植物持續不斷的與其他生物，進行氧氣與二氧化碳循環交換，同樣的，勞工們也透過在商店的支出消費，循環彼此的薪資；而企業的營業額也因為支付勞工薪水而循環，兩造雙方才能繼續生存。正如同我們的生態系統，假如循環失靈，整個生態就會沙漠化；而經濟體的循環若崩潰瓦解，我們將會面臨毀滅性貧窮及剝奪的危機。

在我撰寫這本書的此刻，我的國家希臘，也是妳的國家——即使妳居住在澳洲，正在經歷這種苦難。澳洲、美國、英國以及多數的歐洲國家，都在歷經一個類似一九三〇年代所發生的經濟大災難。

當年的經濟情況惡劣險峻，甚至給了美國作家約翰史坦貝克靈感寫下了《憤怒的葡萄》這部著名小說。在小說的第二十五章裡，史坦貝克寫著，路上雖然有百萬人民正在挨餓，但卻有數噸的馬鈴薯被扔入河裡，數箱的柳橙被撒上煤油，只為了不讓人食用。沒有循環，只有肆意的破壞。就在此刻，這本書的作者哀嘆，儘管我們有能力種出作物，卻不能創造出一個可讓窮人填飽肚子的體制。失敗「就像悲傷一樣壟罩著整個國家」；正當缺乏食物的人們，其憤怒宛如藤蔓上的葡萄不斷蔓延，史坦貝克寫道：「在人們的靈魂中，憤怒的葡萄正在填充脹大並且變得愈來愈重，沉重到足以釀成為醇酒。」

怎麼會發生這種事呢？原因在於，市場社會在突然之間，失去了循環能力。當循環失靈，而妳正處於其核心時，妳會看到一個熟悉的角色：銀行從業者。

銀行從業者到底是做什麼的，以至於這麼多人都不喜歡？有一個解釋是，我們只是忌妒他們的財富。但是，這裡我要告訴妳的是，其實背後的原因遠多於忌妒而已。更深層的一個理由是，一旦高利貸再也不是一種罪惡，而銀行也被允許可以對所有放款收取利息時，銀行也開始獲得了特權——帶動大量循環的能力，同時，它也有能力使得這個循環突然且災難性的停止下來。

就讓我來好好的解釋說明。

身為時間旅者的創業家

以一個經營羊毛生意的農奴為例，假如他向地主借了一筆錢，用來購買生意經營以及生產過程所需要的物料、支付勞工薪水、租金以及必要的機器設備。這代表了什麼?顯然,這位創業者滿懷期待的向地主借錢,希望未來所生產的羊毛在賣了錢後,能夠把貸款還清。以經濟學用語來看,妳可以說這位農奴正在向未來借用交換價值,把這個交換價值先挪到目前來使用。

假如我們要用科幻電影來描繪這個過程,我們可以描述這位羊毛商人,對著半透明的薄膜透視著未來,朦朧的看到另一端即將發生的事情。當他看到了機會後,這位商人舉起了手,將手指放在薄膜上,突然的戳過去把手伸到了另一端。他的人仍在現在,可是他的手已經越過薄膜來到了未來。用手摸索了一下後,他抓了某個交換價值,再猛然的縮回他的手,穿過了薄膜回到了現在。

假設這位商人清楚且正確地看到未來所發生的事,那麼羊毛生意將會如他所料的非常成功,也能產生足夠的交換價值,讓他償還創業初期的貸款。但是,萬一他錯了,也無法將未來的交換價值帶到現代,那麼他會干擾了事件的先後順序。正如我們在科幻電影裡常看到的情節,接下來所發生的事,將會是一場災難。如果他沒有能力償還債務,他的生意就會垮掉。

如果生意人是時間旅行的機會主義者，銀行從業人員則是無可救藥的旅行經紀人。在我們的科幻電影裡，沒有界線的創業野心，會讓人不斷的將手穿過薄膜，將未來無窮的交換價值奪取至現代使用。向家人、朋友、合作夥伴小額貸款還有可能，但無窮盡的大額借貸就困難了。而銀行就是從這裡找到機會。

銀行成為時間旅行的經紀人

銀行從業人員的工作是什麼？多數人認為，銀行從業人員就是一群手上有閒錢的人們，以及一群急著用錢卻沒有存款、想要借錢的人們，這兩種人之間的仲介。他們拿著存款人的存款，把錢借給貸款人，同時支付給存款人一點利息，但這利息比他們向貸款人收取的費用還要少一些，才能從中賺取利差。雖然這是銀行長久以來的運作，但這絕非現今銀行從業人員這麼忙碌的原因。

假如有位叫做米麗安的人，是製作腳踏車的廠商，她向銀行借了一筆為期五年、金額五十萬美元的貸款用來購買機械，她才能生產碳纖維車架，讓整個腳踏車更輕盈與堅固。問題是：銀行要從哪裡找五十萬美元來借給她？先別急著回答「從銀行其他客戶的存款。」其實真正的答案是：「憑空而來的！」

怎麼會？答案很簡單。銀行只是在客戶的資產負債電子資料庫或分類帳上，在米麗安的名字以及帳號後方，打了一個數字五，後面再加上五個〇。當米麗安查詢她的帳戶餘額，她會開心的看到在ATM提款機螢幕上閃著「餘額五十萬」字眼，並立刻將錢轉帳給設備廠商。就像這樣，五十萬美元就這樣從空氣中出現了。有一位很棒的經濟學家曾說過，「銀行製造貨幣的過程是如此的簡單，完全超乎我們的想像。」就是這樣。銀行人員的權力，讓他們用一支筆或是在鍵盤上按幾個按鍵，就可以輕易地創造出貨幣，這真是令人戰慄。的確，我們都難以置信，原來價值居然可以憑空創造出來。讓我們回到銀行行員大手一揮、憑空創造出五十萬美元的那一刻。某方面來看，這位行員安排現在的米麗安——計畫要銷售腳踏車的創業者——坐在時間薄膜的前面並且穿越它，來到五年後的米麗安——一個擁有成功腳踏車企業的女生意人——並且從她哪兒拿了五十萬美元回到了現在，再把錢投資到腳踏車生意上，這個動作讓未來的米麗安可以成為成功的生意人。為了從創業者成為成功的生意人，米麗安願意支付給銀行利息以及其他銀行費用，去換取這五年使用這筆五十萬元的義務與責任。

由於銀行未受限制只能出借現存的交換價值，因此，他們想方設法的用同樣方式——只要按按鍵盤上的幾個按鍵——變出更多的款項來借給更多人，這麼一來，銀行自己賺得錢也愈來愈多。就像實驗室裡的老鼠一樣，他們就像是拉開槓桿不斷的餵給老鼠飼料，最後一直停不下來，銀行就是這樣不斷的放款、放款再放款。

崩潰瓦解

很久以前，謹慎的銀行行員們若相信米麗安會聰明投資這筆錢，並在期限前把這筆錢歸還，就會放款給米麗安以及與她一樣的人們。換句話說，銀行樂見客戶們不會破壞這個時間程序——也就是當未來的期限到了，所有的米麗安們會賺到足夠的錢，並且把本金歸還給銀行。但是大約在一九二〇年代左右，銀行體系開始錯亂。

這是因為有兩件事情改變了。第一是在工業革命結束之後，市場社會經濟體大幅成長，為了推進經濟而產生的負債，也因而巨幅膨脹。另一個是，假如事情出了差錯，銀行們也能找到方法自保。例如，一旦他們同意放款給米麗安，銀行會把這筆錢分成數筆小額款項，再找其他人一起分攤。只要借給銀行一〇〇美元，這五千名投資人將會一起分攤米麗安的借貸。人們為什麼會答應一起分攤呢？因為銀行答應給他們的利息，比存在銀行所獲得的利息還高（但是整體而言，比米麗安答應支付給銀行的利息還要少）。因此，銀行立刻就可以回收五十萬元，當米麗安歸還貸款時，依然可以獲利。而且，萬一米麗安快要破產，無法兌現她原來該背負的貸款義務，也會是這五千位投資人承擔虧損。

我知道妳正在想什麼：這裡面一定有玄機。沒錯，當銀行從未來轉換了愈多金錢給米麗安，銀行可能賺到的獲利愈高，從其他投資人身上賺錢的能力也愈大。但是，當銀行運用自己能力的頻率愈高——大量挪用未來的資金以供現在使用，銀行破壞先後順序的機會也愈大。假如米麗安的事業成功了：她生產了腳踏車，而她購買設備的製造商也開始聘僱新員工，這些新員工也購買腳踏車以及其他產品，這樣的循環不斷持續下去，市場社會就會不斷往前前進。然而，當每件事看似穩定，銀行自由使用神奇力量的誘因也就愈大。他們幾乎沒有發現，他們的魔咒最終已進入一個黑暗境界：他們放貸的金額已經大到讓整個經濟無法跟上腳步，而且所創造出來的獲利，已不夠償還這些債務。

到了這一刻，人們才開始明白，人人所借貸的未來，終將不可能實現。當這一大筆從未來預借的龐大金額無法實現，整個經濟就會崩潰瓦解。

這或許要歸咎於銀行的積極放款，才讓米麗安背負過於龐大的債務，她根本無力負荷。到了最後發現自己無法還債之時，米麗安將被迫關門大吉。結果變成是，在銀行的幫忙之下，她被早期的自己所欺騙了。米麗安不是唯一的破產者，整個生產供應鏈上的業者也都關門大吉，所有的工人都因而失業。結果，這些工人以前經常光顧消費的店面也受到牽連，當愈來愈多店鋪與生意結束營業，銀行也發現自己陷在愈來愈多的放款呆帳中，而借錢者都是像米麗安這種還不出錢的商人。

接著銀行經營不善的謠言開始出現。擔心存在銀行的錢會突然不見，原本存錢在銀行賺取利息的少數存款人，紛紛上門要求把所有存款提領出來。聽到風聲後，其他人也跟著擔憂起來，也蜂擁而至上門取款。然而，銀行根本沒有足夠的現金供民眾提領，因為這些錢已隨著憑空而來的放款借出去了。隨著銀行現金不足的說法愈傳愈廣，便開始發生擠兌的情形：門口擠著一大批等著取款的民眾，倒楣的銀行經理被迫關上銀行大門。即使銀行存著大筆積蓄的人們，也在突然之間變得身無分文。

還記得我曾說過，負債是市場社會不可缺少的元素嗎？沒有債務就沒有獲利？沒有獲利就沒有盈餘？現在，讓我再增加一項：在同樣的過程裡，當生產了獲利與財富，也同樣會造成財務崩解與危機。

在崩解之後，隨之而來的是暴跌。人人都積欠著彼此債務，也沒有人有能力可以還錢。存款人被告知他們的積蓄都不見了，因為他們存錢的銀行破產了。即使某些藏著錢的人，財富也短少了，他們也得面對不確定的未來。整個經濟原本依循的循環過程如今開始反轉。愈來愈多像米麗安的創業者失去她們的顧客，取消設備的訂單，也必須解雇員工。被解雇的員工沒有錢向仍在營業的其他生意人購買產品，迫使著仍在苟延殘喘的企業，慢慢走向倒閉的懸崖邊緣。辦公室與工廠皆關門大吉，沒過多久一大批想工作的勞工，開始沒有工作可做，因為原想要聘僱這些勞工的雇主，實在擔心他們所生產出來的產品，根本找不到買主。

同時，家庭也開始付不出房貸。銀行無奈只能沒收他們的房子在市場上拍賣，希望多少能回收一點錢來。但是，由於市場有這麼多拍賣的房子，而人們口袋裡的錢是如此的稀少，以至於一排又一排的房子根本沒人居住，整個房市跟著崩跌。

破產全面性的擴散開來。大批民眾失業。憤怒情緒高漲。這是追捧傲慢銀行的追隨者，所面臨的報應。這邪惡的復仇肆意而來，甚至影響到窮人以及無辜的所有人。

誰能夠終止這個令人頭暈目眩的厄運循環？

國家的新（卻也不那麼新）的角色

一旦經濟陷入這個致命漩渦裡，只有一樣東西能幫得上忙：國家。從十九世紀以來，當市場社會首次出現暴跌，背負民眾壓力的國家政府——此時民怨已經十分龐大——必須出面調解干預。但是，該怎麼做呢？

一直以來，國家必須先做的就是干預金融系統。當恐慌散播的當下，在銀行一間接著一間倒閉，終止這種毀滅的唯一方式，就是由國家出面借錢給銀行，讓銀行繼續開門上班，以停止這個連鎖反應。但是，國家在這麼短的時間內，去哪裡找這麼多錢來？

妳或許曾經聽說過「中央銀行」。每個國家——更精確的說法，每一種貨幣——都有一個中央銀行。中央銀行在各國有不同的名稱。在英國它叫做英格蘭銀行，在美國叫做聯邦儲備銀行，澳洲則叫做儲備銀行。在歐洲大陸它就叫做歐洲中央銀行。無論它的名字是什麼，中央銀行就像是國家所擁有的銀行，其客戶就是所有商業銀行，而銀行的錢就是從中央銀行來的——數量非常龐大。

我知道妳正想問：「央行又是從哪裡拿到這些錢？」我也相信妳可以猜到答案：「憑空而來！」沒錯，就是這樣。就像米麗安的銀行行員在帳戶上寫下了幾個數字，央行也是這麼做，只不過這次的數字，是寫在米麗安的銀行於央行的帳戶上。也正如銀行當初借錢給米麗安，銀行立即同意為她的債務負起責任，直到她還款；而國家也是一樣如此，但國家擁有的權力更強大，足以支配著整個國家的信心與信任感，政府立即宣布將會為銀行的債務負起責任，直到銀行系統恢復健全為止。

兩者的差異主要在於，當央行憑空變出錢來——向未來借用交換價值——其動機與獲利並無關係。其目的只是為了拯救銀行業者，並且阻止經濟體被自己的黑色魔法給毀壞。當央行扮演一般商業銀行的最終貸款人，此時就會產生一種有趣的關係：央行從它們身上獲得某種權力威信。理論上，央行可決定要拯救哪一間銀行，哪一家放手讓它倒閉，因此同樣的，理論上，央行亦應對銀行的經營規則設限，才能約束銀行的黑色魔法。但實際上，這一直是個貓捉老鼠的遊戲，扮演老鼠的銀行總是有無窮盡的本領，能逃脫央行在這路上所設下的障礙，並對其嘲笑愚弄。辛苦的央行人員雖試圖阻止銀行玩火，但這些銀行業者幾乎總能從縱火案中脫身，使得驚慌的央行人員必須製造出像流水般的新貨幣，才能引水將火勢熄滅。

政府明白筋疲力盡的民眾，對央行約束一般銀行業者的信心實在不大，故為了消彌人民的緊張並防止銀行擠兌，政府得往前站出來：政府必須擔保民眾的存款無虞，倘若往來儲蓄的銀行破產，政府也要保證償還人民的血汗錢。因此自然而然的，國家所屬的央行唯一能做的，就是從空中變出錢來。

「從空中！」我知道，即便我總是用這個說法來解釋，妳仍覺得奇怪、疑惑與不安。我相信多數人與妳有相同感覺，並且認為這是一個新的現象。多數人都認為，當銀行與政府在電子分類帳上簡單輸入幾個數字的這種科技出現之前，貨幣是較為真實、可感知與實在的東西。但這是個非常錯誤的想法。

還記得第一章裡，我們曾提及美索不達米亞的農工納博克先生，其統治者主要以貝殼來支付他工資？而統治者還在貝殼上面寫下了數字，代表農作收成之時納博克可以領到的農作配額？老實說，這些雕刻的貝殼與現今由央行發行的貨幣，差異並不大。原則上，美索不達米亞的統治者可自由選擇貝殼的數量，並且在上面刻下任何他想寫的數字；這與當今的央行並無不同。對當時與現在真正重要的是，刻在貝殼上以及在分類簿上的數字，是值得信賴的；真正重要的是土地的生產量，以及國家的財富與穩定度，這才能使國家對農作與貨幣的保證具有可信度。從這個角度來看，國家開始有了新（卻也不那麼新）的角色。

但是，對市場社會而言，憑空創造貨幣的特權不再僅限於當權者，包括私人銀行，兩者均享有這個權力；而這種情形只在現代才有。

銀行業者與國家：有害關係

現在，妳或許正疑惑著：假如銀行知道自己在危急時，政府會出面相救，那麼在市況好的時候，有什麼誘因可以限制銀行放款？國家難道沒有更好的辦法拯救銀行——保全了民眾的存款以及經濟的償付系統——卻不必保全銀行本身？政府為何不能一毛不給，也給其他銀行同業作為警告？

可惜的是，這個方法在嚴峻的現實環境裡，根本行不通。管理政府的官員們，多數通常是經由這群銀行業者的大力幫助，在選舉時才能獲得勝選。官員有多麼需要銀行業者，銀行業者對官員們的需要也有多大。

類似情況也發生在央行上。由於握著神奇的魔力，這些私人銀行從業人員所賺到的薪資，遠比領政府薪水或任職於央行的公僕還要高出許多，這已無庸贅述。但可悲的是，這群原本主要在監管私人銀行的公僕們，一旦公職退休之後，往往會接受了這些私人銀行的工作邀約。官員們深知日後將有一大筆紅利獎金可能，因此當他們在監管銀行時，亦不敢真正有所為難。唉，願意出面當英雄的人，真的少之又少。

銀行與政府間利益共生的毒害關係，讓銀行沒有必須謹慎的理由。是的，在市場崩跌之後，業者會收斂一段時間。就像一個收到超速罰款的駕駛人，他們在被罰之後，可能會有一陣子在行車時保持一定速率、好好的駕駛；可是不用多久，速度又會快了起來。因此在政府當局對銀行紓困，經濟也回到穩定狀態之後，不稍多久銀行又會開始故態復萌，開始浮濫放貸。

要為這個令人沮喪的故事結尾，我們不得不面對一個矛盾問題。我們雖可降低銀行在市場社會中所製造出來的不穩定，卻無法將其根除，原因在於整個經濟的推動，是由銀行所提供的某樣東西作為柴火：債務。因此整個狀況會是：國家要更成功的創造穩定度，較安全的情況就是創造出更多的債務，這就有賴更活躍的銀行業者——但它們也會帶來更大的不穩定。

無法償還的債務

當借款人破產，無法償還債務的時候，此刻應該怎麼辦？辦法只有一個：一筆勾銷；若以經濟學用語，就是債務註銷。這與道德無關——無論欠債不還的對錯——而是非常實際的問題。

在維多利亞時代的初期，當時法律明定，無法歸還債務者必須被關在一個專屬牢房裡，直到他們付清所有本金與利息為止。如今，某些國家由於政府也無法支付其債務，亦被以相同方式對待，我們的國家希臘就是一個例子。然而，人們卻忘記了，十九世紀的經濟能從崩跌與重挫的深淵裡重新站起來，是因為已重改法律：並非所有的債務，都是不可變動的。為什麼呢？

第一個原因是，當一間企業破產時，代表該企業的所有人被監禁，失去了所有，包括他們的房子；故只有非常富有或非常愚蠢的生意人，才會冒險背負極高的債務，承攬大型案子。但是，經濟體中能建造龐大昂貴的專案，例如電力設備與鐵道，或是企業成長超越了某個規模時，就必須重訂法律，如此一來，萬一破產的時候，只有屬於該企業的資產才會遭受損失，而私人的儲蓄、房子與個人所屬物品，才不至於被沒收。這就是後來大家熟知的有限責任（limited liability）。（諷刺的是，擁有企業的生意者，才享有不被查封的保護，但少數不擁有企業者卻不能享有。）

更直接的理由是，若債務都不能註銷，那群破產的企業與家庭，將會永遠破產，沒有翻身之日——尤其根本沒有人會借錢給破產的人。肩膀上若揹著無法償還的債務，代表永遠無法再聘僱員工，購買房子，或者送孩子念大學。一個經營果園者，若水果價格不斷下跌以至於老闆面臨無法償還的債務，他們就有動機把多數的水果銷毀——即使身邊圍繞著飢餓的民眾——因為水果短缺才會刺激價格上升，就如史坦貝克在《憤怒的葡萄》書中所描述。同樣的，若像當今希臘這樣的政府，一直處在破產的狀態，且被迫假裝能夠清償負債，那麼它就得無止盡的向企業與家庭徵稅，大家永遠沒有喘息恢復的時候。

如果一直背負無法清償完畢的債務，沒有任一個企業、家庭與國家能夠復甦喘息。這也就是聖經經文裡所載道，債務必須定期消除的原因；就好比樹林必須定期焚燒枯枝，才能防止致命性的森林大火發生。

另一方面，那群被欠錢的債主——債權人——聽到債務一筆勾銷的提議，自然而然會大聲抗議，而這群人中，尤以銀行業對註銷債務的反對聲浪最大。銀行業者盡其所能說服政客，立法反對債務註銷。但是，身為整件事情的始作俑者，銀行才應該是支持註銷債務的一方，它們亦是經濟崩跌時，最不可能失去個人財富、甚至最不可能喪失經營權的一方。

一個只有銀行得到救贖，而其他債務人包括政府，卻仍陷泥沼的世界，是最糟糕的世界。事實上，這是個不毛之地，這樣的經濟體只會種出不穩定、失敗以及憤怒的葡萄。

面對銀行業者對社會與政客們的粗暴支配，我們究竟該怎麼辦才好？唯一的解救方式是，深陷債務深淵的民眾，集體要求政府出面統籌介入，一筆勾銷這些無力負擔的債務。這是掃除債務陰霾的唯一方法，重整與復甦過程才得以展開。換句話說，政治才是讓蹣跚的經濟復元的唯一途徑，這才是解決造成經濟不穩之根源的唯一辦法。不過，這是以後的問題。

必要的寄生蟲

在妳長大的過程裡，歷經了經濟循環多次的起起落落後，妳會察覺到一股偽善的幻覺：在經濟好的時候，銀行業者與生意人們——普遍而言就是有錢階級——通常與政府站在對立的立場。他們總是批評政府「對經濟成長踩剎車」，政府是對私人企業徵稅才得以生存的「寄生蟲」，是「自由及創業精神的敵人」。他們當中，有些人甚至拒絕政府擁有服務社會的人格權利（moral rights）及責任，他們宣稱：

「世上根本沒有社會這個組織——只有個人與家庭」，或是「社會是一個定義不明的組織，因此國家無法服務它。」然而，當經濟因為這群人的行為而崩壞瓦解時，這群一直發表激烈言論，強烈反對政府介入經濟的人們，突然開始要求政府的幫忙。他們叫道：「我們需要幫助時，政府究竟在哪裡？」

這矛盾的現象已不是新聞。這只是反映出這群有錢有勢者，與政府間長久以來的問題關係。他們害怕政府介入、約束他們的自肥，但他們同時也非常需要政府的協助。經濟所帶來的不公平現象——財富大幅集中在某些人手中，同時有更多人遭遇貧窮問題——使得他們風聲鶴唳。一旦憤怒的葡萄過於沉重，當絕望的民眾，恐嚇聚集在他們的別墅圍牆之外，還有誰比政府更有能力保護他們呢？然而，同樣的，假如政府有足夠能力把民眾擋在門外，這些有錢人也擔心，萬一政府落入這成群結隊的民眾手裡時，與民眾站在一起時，也能夠沒收他們的財產並把他們扔到街上。

他們對政府最常提出的批評，就是財富是由少數個人英雄所創造出來，而徵稅，則是不合理的沒收了他們所應得的收入。這句話真是大錯特錯。要解釋這觀點，讓我們再回到市場社會剛形成的那時候——當農奴被踢出祖先辛勤工作與居住的土地時。

妳認為，當初領主是用何種方式，才能有效率的將農奴趕出自己的土地？答案是：透過國家政府的協助；是因為國王與其政府助領主們一臂之力，派軍隊鎮壓反叛的農奴。另外，妳認為，市場社會形成後，背後的新秩序及規範，又該如何維持？當大批老百姓居住在曼徹斯特、伯明罕與倫敦等的卑劣、不人道的貧民窟，在短短幾條街外，卻有少數富人過著極為富裕的生活，這種秩序又要如何維持？簡而言之，私有財富的創造與維持，背後都有國家軍隊的支持。

政府對這群有錢有勢者所提供的協助，並不僅有國家軍力而已。每當國家運用稅金來建造運送產品所需的道路、隧道與橋樑；為保護勞工健康與傳遞知識而苦心維護各地的醫院與學校；保護受壓迫與失業的人們；維持小鎮與城市的治安；或以任何方式讓社會得以平和穩定的運作——每當政府做了上述的任一件事（甚至還有其他許多事），都是提供大家，尤其是最有權勢的這群人，追求及創造財富的環境。從這個角度來看，政府一直對有錢人提供非常大的保護。而有錢人的回報方式，卻是盡己所能拒絕支付稅金。

事實上，並非只有政府提供人們創造財富的環境。仔細想想，其實所有財富都是由大家共同創造——經由循環以及知識的逐漸累積。勞工需要雇主的聘僱，雇主也許多勞工大眾購買他們的產品。生意人需要銀行的資金借貸，銀行也需要生意人的利息。銀行需要政府的保護，政府也需要銀行促進經濟成長。發明家拆解其他人的發明、抄襲科學家們的創意。整個經濟體都依賴著每個人才得以運作。

公共債務：組織機器裡的靈魂

權勢階級雖不斷要求政府持續提供他們財富增長的環境，但每每收到政府的稅金通知，他們也只會嘟嚷、抱怨、發牢騷與抗議。由於他們對政府有極大的影響力，這往往也會造成一個不尋常的現象：對他們課徵的稅金，往往比政府的實際支出，無論是直接或間接支出，金額還要少。至於勞工階級，從歷史來看，他們的薪資多半無法餵飽自己與孩子，勞工們繳的稅金加總也不足夠使用。那麼，其餘的稅金缺口究竟從何而來？答案是：公共債務。是誰提供政府這些必要的貸款？當然是銀行！銀行又是去哪裡找的錢？毋須贅述，這錢當然又是憑空而來的，就像當初借給米麗安的錢一樣。妳看，付較低的稅負，對銀行可帶來雙重好處。

然而，看著電視、聽著政客談論自己對高額國債的擔憂，並保證將對國債進行約束之後，在他們這些行為的愚弄之下，妳可能會誤認為，政府債務——也就是我們所知的公共債務——是種非常可怕的東西，就像天花病毒般，必須永久被根除。那群認為國家是私人企業的絆腳石者，覺得國家的支出已經超出極限，收支無法平衡，將會把國家帶向毀滅。千萬別被這種言論所欺騙了。雖然太高的公共債務確實會造成一些令人頭痛的問題，但債務過低也是一個麻煩。即使是新加坡，該國法律已明定其政府的支出，不能超過政府的稅收收入，但政府也知道借貸是一種必要行為。為什麼？因為一個市場社會的銀行業需要公共債務，就像魚群需要水才能游泳、存活。若沒有公共債務，市場社會無法運作。

當政府向一間銀行貸款，假設是一億美元，期限是十年，政府準備了一張借據，上面詳細載明十年內將還清本金，同時，每年還會額外支付五百萬美元做為利息。這張借據就叫做債券契約，代表政府自現在起，被擁有這張合約的組織單位約束十年。由於富者拒絕繳納較多稅金，政府必須對外借貸才能補足財政缺口，因此政府開始發行債券契約，並且將這些契約「銷售」給銀行以及有錢人，才能維持整個國家的運作：包括街道、醫院、學校、警力維安等等。將這些經費花費在各種不同專案上——供給的採購，支付薪資等——政府直接推動經濟的循環過程，讓每個人，包括了銀行業者，都可以從中受惠。

然而，政府發債的原因還遠遠超越於此。由於銀行很不喜歡現金：錢堆在金庫或是帳本上，借不出去代表賺不到利息收入。就算是有希望全數借出，萬一有存戶想把存款全數領出，即使存戶不多，銀行的資金流動也會變得很危險、脆弱。因此在此時此刻，銀行需要有某種可以馬上賣出，可立刻變現以因應存戶提款的東西。而政府公債就是最完美的商品。由於人人都相信政府還款的承諾，故政府公債永遠都有人願意購買。的確，政府公債確實很不同——其他債券的循環周轉，並沒有這麼方便。這代表銀行喜歡政府公債：不僅可安全賺到不錯的利息收入（事實上，它安全到甚至可用來作為向其他銀行再次借貸的擔保品），亦可當成一種商品——一種財產，就像是一幅畫作或一台骨董車，若銀行在急需現金時可立即售出。以銀行業的行話來說，債券就是「最具流動性的資產」。就這個角度而言，它們是銀行體系中讓齒輪與輪子運轉的潤滑劑。

事實上，在時機不好的時候，銀行拿起電話打給政府，要求政府央行紓困時，央行不僅僅只有印製新鈔票——如我們所見，還發行了更多債券，用來向銀行，通常是外國銀行，借進更多的現金給本地銀行。

由此可見，妳會發現政府債券有多麼不同於一般債券。它是市場社會裡權力關係的體現，亦是有錢階級拒絕支付更多稅負之下的必要回應及結果。它也是驚慌失措的銀行的鎮定劑，讓銀行得以避掉更多厄運。它就像是綁著彼此的橡皮筋，在時機不好的時候給予彈性，避開系統的崩潰與瓦解。

自從史上第一位人類抬頭仰望夜空，對浩瀚宇宙感到震撼時，我們已確定在我們的內心深處有某樣東西，某樣不太確定的東西，能夠讓我們具有疑惑、恐懼以及懷抱希望的能力。哲學家與作家曾指出，這樣東西像是機器的靈魂，是某種讓我們能成為人類的一股無形能量。我建議，當妳日後聽到政客、經濟學者或是評論家討論公共債務，並把它視為麻煩時，妳得提醒自己，其實真實情況遠超過於此。公債是讓市場社會這台機器運作的靈魂，只是運作的好或壞罷了。日後，若再次聽到有權階級或其發言人妖魔化國家，嘲笑政府以及公共債務時，記住，他們其實非常需要國家的協助，就像需要腎臟與肝臟一樣。

然而，還有更多……

銀行的黑色魔法讓整個市場社會震盪不已。時機好的時候，它能讓財富創造巨幅的放大，但時機差的時候，也能讓財富迅速崩壞；不斷的使得權力及財富分配失衡。然而，我得說句公道話，銀行其實也只不過是一個大型放大器。真正造成市場社會的不穩定，其實還有其他根本原因，就深藏在兩種獨特的商品（commodities）裡：勞力及貨幣。因此接下來，就讓我們來好好瞭解這兩項商品，並揭開其古老的神話真相。

5

兩個自我應驗的市場

Two Oedipal Markets

一九八九年，我的朋友「衛斯理」剛取得經濟學博士學位，他一直在求職，卻都沒有好消息。隨著日子一月復一月的過去，他開始把標準降低，謀求位階較低的工作，卻依然石沉大海。最後在完全幻滅之下，他寫了一封信寄到才從英國搬到澳洲的我，信中他寫道：「一個人的最糟情況是，當他絕望到決定出賣自己的靈魂時，才發現根本沒人有興趣購買。」

這就是失業者的感受，由於市場上的勞力供給過剩，這群人被迫接受辛苦且低薪的工作，卻仍乏人問津。我希望、也相信妳日後，絕不會面臨相同的窘境；但妳要明白，這世上有數百萬人卻正面臨了這個難題。而我也希望，妳不會受到那群不願接受這殘忍事實的人所影響。要進一步說明這些人為何拒絕接受這個事實前，讓我來告訴妳另一位朋友安德烈亞斯的故事。

安德烈亞斯曾經向我抱怨，他在帕特莫斯島上的房子，根本賣不出去。我回答他，我會用十歐元向他買！他大笑並感謝我精闢的道出，賣不掉房子以及因買家出價過低而讓賣家不願意賣房，這兩者之間的差異。其實，某些人對於失業問題的看法，與這個論點是一樣的，他們認為世上沒有失業問題，只有勞工拒絕接受低薪，不願意工作的問題。

失業否認者

對著受害者指責其不幸，無疑是在傷口上灑鹽。這是霸凌者最喜愛的手段，也是婦女們數個世代以來的苦痛。事實上，這與我們在本書第一章所提及的亦是一樣的：澳洲土著是因自己的無能與落後而受到欺壓。

我將這群人稱為失業否認者，他們通常認為：若一名失業勞工能為雇主提供某些價值、任何價值，那麼雇主一定會願意支付些許薪資。正如我願意支付十歐元給安德烈亞斯、承租他在帕特莫斯島上的房子，肯定也有雇主願意支付衛斯理薪水，例如一個月五十歐元。倘若衛斯理不願意接受月薪五十歐元，這並不代表他找不到有償的工作，而是像安德烈亞斯一樣，衛斯理只是找不到願意付他所需薪資的雇主。這不是安德烈亞斯與衛斯理的決定，堅持較高的房租與薪資嗎？倘若衛斯理抗議，月薪五十歐元根本無法支應食物與住宿的開銷，這群否認失業者可能會聳聳肩，指出這世界還有像非洲等物質開銷非常非常低的地方。衛斯理只要降低個人的期待就好。

姑且不論這令人難以忍受的惡劣論調，我們這裡必須承認的是，從實際與客觀的角度，這個想法裡面有一個嚴重的錯誤。要了解其原因，我們得把安德烈亞斯賣房子，以及衛斯理出賣勞力兩案例分開來看。在安德烈亞斯以及其他類似的銷售房子案例裡，假如他們全部將房屋價格降至最低，毫無疑問，他們終究一定都能找到買主。然而，若衛斯理以及其他失業者，把薪資需求全部降到最低，他們已有心理準備只掙小錢，結果極有可能更找不到工作。

要解釋其原因，我們還要另外說個故事。這是在兩個多世紀前由法國哲學家盧梭所提出的故事。

雄鹿、野兔，樂觀的力量

試想有一群人在森林打獵。這群人手中只有網子、弓箭；他們要去獵捕公鹿，希望晚上可以滿載而歸與家人吃一頓大餐。獵人們在一空曠處看到一隻雄鹿，決定不動聲色的圍捕牠。由於雄鹿太過高大且有力，他們計畫包圍牠，再用網子纏住牠，最後用弓箭將其射死。但問題在於，要在雄鹿不注意之下進行圍捕，必須耗費很長的時間，萬一天色先暗了，獵人們的家人都要先挨餓。再者，圍捕行列裡只要有一個人畏懼退縮，這項獵捕肯定會以失敗收場。

讓我們再想像一下，在同樣的森林中，還有一群跳來跳去的野兔。獵人只要用弓箭，就可以輕鬆獵捕到野兔，可是一隻野兔，不夠讓全家人吃好幾頓；反倒是一隻雄鹿，可以讓一夥人吃個好幾天。假如其中有一個獵人改變主意，想要獵捕野兔，大夥兒圍捕雄鹿的計畫就會失敗。

這就是獵人們的兩難。他們想共同合作獵捕雄鹿，一邊享用美味晚餐，一邊圍著一起開心唱歌，酒足飯飽的入睡，並希望未來幾年都可以過著相同的快樂日子。倘若每個人對其他人都深具信心，相信彼此會合作無間的一起獵鹿，大家都會盡己所能，且不會被其他跳來跳去的動物吸引、分心。假如其中有一人開始擔心，同伴當中有人笨手笨腳，認為雄鹿肯定逃走，因而他決定轉而獵捕野兔，才不至於回家時空手而歸。接著，其他人也跟他一樣，使得整個獵捕團隊放棄雄鹿，開始獵捕野兔。

請注意，這裡有幾個最重要的關鍵：

- 獵人傾向共同獵捕雄鹿，而非自己分別獵捕野兔。
- 人人都會全力以赴，只要他認定其他人也跟他一樣盡力。
- 最後，若獵人們相信他們在合作下能獵捕到雄鹿，他們便會相互合作、完成獵捕。同樣的，若他們不相信，他們就不能完成這項任務。

這就是樂觀的力量的最好證明，但也同樣說明了悲觀能量的破壞性。在獵捕雄鹿的故事裡，兩者都是在說明「自我應驗」的道理。這就是盧梭的寓言之真正意涵：一個共同合作才能達到的目標，成功不僅有賴於所有個人彼此間的合作，還包括每個人亦相信其他人也會共同合作。

勞動力為何不像房子、汽車或番茄？

盧梭的雄鹿野兔寓言故事，清楚說明勞力市場與其他市場之間的差異，也說明了安德烈亞斯及衛斯理兩人案例間的不同。

首先，先從安德烈亞斯的房子說起。人們之所以願意承租他的房子，這是因為可以在美麗的帕特莫斯島上享受美好的周末與夏日。同樣的，閃亮的法拉利跑車也是如此：某個程度而言，有人喜歡開車駕馭的快感（或是喜愛被人稱羨的眼光），因此充滿了吸引力。即使是番茄也是如此：只要不爛掉，美味的番茄可以讓妳填飽肚子。上述的每個例子，無論房子、汽車以及番茄的交換價值，最終都可從體驗價值裡獲得。

然而，這只適用於汽車等商品，並不適用於像是技師等所提供的服務。而適用於番茄等作物，並不適用於種植番茄的農場工人所提供的勞力，也不適用於我失業的朋友衛斯理身上。其原因是，不同於帕特莫斯島的房子、法拉利或是番茄，沒有人會因為好玩有趣而需要技師、農工或是衛斯理的勞力。

假如，有個在做冰箱製造生意的人叫做「瑪麗亞」，她可能有興趣聘請衛斯理，顯然的，她聘請衛斯理的理由，並非期待在工廠內，可以從他身上獲得體驗價值。她的理由，純粹取決於兩種交換價值的比較：一方面是在衛斯理的幫忙下，所生產的額外冰箱可帶來的營業額增加。另一方面則是聘用衛斯理之後，她必須支出的月薪以及其他因增聘員工而花費的各種費用。

假設她認為聘用了衛斯理後，工廠每月可多生產五臺冰箱。是否聘用他，取決於她是否有信心可以找到足夠的客戶，願意購買這五臺額外的冰箱，讓增加的營業總額超過了聘用衛斯理後的額外支出。換句話說，這取決於她的信心，相信至少有五個人不僅需要冰箱，也願意花夠高的錢把它們買回家。

假如市場上像瑪麗亞這樣的老闆們，人人都對市場環境深具信心，並相信將持續有足夠的顧客願意花錢消費，那麼，她們都會聘僱像衛斯理這樣的失業者，勞工們收入就會跟著增加，進而有錢購買冰箱、腳踏車以及其他東西。循著這個方式，雇主們的樂觀期待就會被實現。同樣的，假如瑪麗亞等雇主們對未來前景及銷售不甚樂觀，她們便不會聘僱衛斯理這樣的失業者，勞工的薪資將會停滯不前，冰箱市場的庫存也會一直維持在低檔，如此一來，瑪麗亞等雇主們就會發現自己的悲觀預期，果然一語成讖了。

當然，身為一個生意人，瑪麗亞比任何人都還要清楚這一點。可是，這卻不會讓她在做決定時，更為輕鬆。晚上她在床上輾轉反側，焦慮思考究竟是否該聘僱衛斯理或其他勞工，擴展自己的冰箱生意。由於難以入睡，她打開了筆記型電腦檢查自己的電子郵件，瀏覽最新的新聞。她的目光停留在一則有趣的標題上：工會領袖宣稱為刺激就業市場，將準備縮減會員薪資達二成。接著有一則文章解釋道，工會領袖似乎被失業否認者們所說服：如果薪資降的夠多，失業者都會找到工作。妳認為瑪麗亞會有什麼反應？

毫無疑問的，失業否認者們認為瑪麗亞將會為此而高興不已，在她開心的入睡前，心理肯定這麼想：「太棒了！現在的薪資比以前低了二成，正是聘僱衛斯理及其他像他一樣的失業者的好時機。這將是我明早的首要任務。」沒錯，正如所料，雇主對於能降低薪資的支出，將會感到開心。但麻煩的是，其他殘忍的問題也會隨之而來。其中一個將大幅衝擊人們生活的主要問題是，當薪資全面性降低，消費者的購買力也會下降。

如果瑪麗亞是一個聰明的生意人，她應該會這麼想：「我的老天！工會考慮自願降薪二成，會讓問題變得更棘手。雖然我很樂於少支付二成的薪水，但是當勞工的薪水少了二成，誰還會有錢買我的冰箱？」假如瑪莉亞是一個非常聰明的生意人，她甚至應該會這麼想：「即使我相信仍有足夠的消費者願意購買冰箱，但是這則新聞必定會影響其他生意人的信心。萬一他們都不再聘僱勞工，那麼消費者肯定會變少，那麼，我也不該增聘員工了。」簡而言之，瑪麗亞極有可能不聘僱衛斯理。

就像盧梭故事裡的獵人們，這群在市場社會中努力維持獲利的生意人，都是在算計彼此是否擁有共同的目標與期待。當一夥人都保持樂觀態度，他們的樂觀自然而然就形成樂觀的結果，且將不斷延續下去。但是當他們都悲觀時，他們的悲觀態度也會讓整個局勢以悲觀收尾，並會讓悲觀的情況延長。事實就是，當他們心中認定、明白未來的情勢，只會讓它更加的確定。而且正如盧梭的獵人們，他們或許最終都在獵捕野兔，即使他們心中其實比較想獵捕的是雄鹿。

這是這群失業否認者錯誤之處：因為勞動市場不僅以勞力的交換價值為基礎，還以人們對整體經濟的樂觀或悲觀看法為基礎，因此全面性的調降薪資，可能會讓職缺更少，勞力需求更緊縮，甚至發生裁員資遣的情況。

勞工與貨幣：極其不同的兩種商品

歷史上重大的經濟危機，例如發生在一九二九與二〇〇八年的經濟蕭條與股災，不僅告訴我們銀行黑色魔法的危險，市場社會還備受兩惡魔的折磨煎熬。我們剛剛稍微見識了：其一，了解一下勞動市場。接著，讓我們再來看看第二項同樣特別的市場：貨幣市場。

「貨幣市場？這是什麼？是誰在買賣貨幣？」答案是，事實上沒有人在貨幣市場裡進行貨幣買賣——除非妳指的是兌換不同國家的貨幣，但這又是另外一個議題。基本上，在貨幣市場裡，人們是在出租他們的貨幣——就像是勞動市場，事實上，嚴格的說，勞動市場就是勞工出租自己時間的地方，而非銷售自己的地方。

在之前的章節裡，我們看到像米麗安等生意人向銀行借貸，明白這些債務是如何推動了經濟發展。我們也看到在銀行積極的放款下，輕鬆的將經濟推向懸崖邊緣。我們也明白生意人必須在第一時間向銀行貸款的原因，因為每項新事業都需要貸款才能啟動。然而，我們卻並未在之前的章節中，討論到米麗安等生意人，應該借貸多少金額才對。

有人們認為，貨幣就像是其他的商品一樣。若依照他們的想法，該借貸多少錢，答案就變得很簡單：米麗安應該借貸多少，取決於她的需求以及她是否負擔得起。以米麗安的案例來看，她需要五十萬美元購買設備來生產腳踏車車架。她是否可以負擔這五十萬美元，主要由出租這五十萬元的成本來判斷。換句話說，就是從銀行要求她支付的貸款利息來判斷。依循這個邏輯，如果我們將整個貨幣市場視為一個整體，只要利率愈低，這筆錢的成本也愈低，如此一來，像米麗安這樣的貸款人可借到的金額就會愈高；若利息愈高，借款的成本愈高，整體借到的金額將會變少。（正因為如此，在經濟發生危機的時候，中央銀行都會試圖降低利率，使得人們的借貸成本變低，才能幫助市場上像米麗安等諸多生意人，使其生意正常運作或重新站起來。）

可惜的是，這樣思考的人，通常與我所謂的失業否認者是同一批人，他們的推理與論點，也同樣是有問題的。讓我們一起再回到瑪麗亞輾轉反側，為了是否該聘用衛斯理而失眠的例子上。請想像她因難以入睡，起身打開了筆記型電腦，突然看到另一則新聞：央行不久將大幅降息。瑪麗亞的反應會是什麼？她會這麼認為：真好，這真是貸款的好時機，我可以趁此聘僱更多員工、製造更多冰箱嗎？還是她可能這麼想：央行要大幅降息，代表時機真的很糟——還是算了吧！

我們再同樣以盧梭的獵捕雄鹿寓言故事來看。在經濟下挫的期間，整體的薪資下滑，並無法刺激經濟回升，甚至會造成相反的效果。而宣布降息亦是如此，這可能會被解釋為經濟已到了極為糟糕的狀態，引發生意人之間的悲觀情緒，使得原來打算獵捕雄鹿的人，紛紛改變主意開始獵捕野兔。

希望妳現在能夠理解，我所意指在所有市場社會的底層，有兩個最基本的市場——貨幣市場與勞力市場——不斷的活躍運作著，它們會阻礙、干擾經濟從泥淖裡復甦的原因。但是，若想更明白其結果究竟有多麼悲慘，接下來我要再講一個故事（或許妳開始覺得有點厭煩，因為我實在難以抗拒古希臘神話），就能讓人們憶起這兩邪惡因子所造成的後果。

勞力與貨幣市場的伊底帕斯情結

妳應該聽過古希臘悲劇作家索福克勒斯的劇作《伊底帕斯王》，這是根據神話伊底帕斯所改編，劇中人物伊底帕斯在不知情之下殺了父親，也就是底比斯的國王拉依俄斯，他也在不知情的情況下娶了國王的太太也就是他的母親。索福克勒斯的劇作之所以引人入勝，在於巧妙呈現了整齣戲的中心思想預言的力量。

我們先從故事的開端開始說起：底比斯國王拉依俄斯得知太太賈卡斯塔懷孕，因此請祭司預言這孩子的未來。祭司的預言非常令人震驚：拉依俄斯將被賈卡斯塔所生的孩子所弒。驚嚇之下，拉依俄斯命令賈卡斯塔在孩子一出生後立刻把他殺了，但她當然下不了手，因此她把孩子交給僕人，命令僕人動手。但是，僕人也不忍殺害無辜的嬰兒，於是僕人將嬰孩抱到山上，將他獨自留在山頭任其自生自滅。然而，不久有一個好心的牧羊人發現了嬰孩，並將其取名為伊底帕斯，把他帶到了柯林斯王國，並且被國王所收養。

幾年過後，伊底帕斯一直懷疑自己並非柯林斯國王所親生，於是他要求祭司告訴他關於自己的身世。祭司並未告訴他答案，卻告訴他另一個神諭，但這個神諭與第一個神諭一樣，令人震驚：「你將會娶你的生母！」震驚之下，伊底帕斯決定離開柯林斯王國，以避開這可怕的命運。在鬱悶的旅途中，他行經來到底比斯王國，並在某個路口巧遇國王拉依俄斯，兩人為了誰先享有通行的權利而發生衝突。文學中的首樁公路暴力事件，結果必然是拉依俄斯被他的親生兒子所殺第一個預言實現了。

不久之後，伊底帕斯打敗了怪獸斯芬克斯並解開怪獸的謎語，破除牠對底比斯王國的詛咒，拯救了底比斯王國。根據第三個神諭，只要能拯救底比斯者，就可以成為該國的國王，因此伊底帕斯成為底比斯的國王，且依照習俗規定，娶了前國王的遺孀賈卡斯塔，也就是他的生母。因此，第二個神諭也實現了。

這個神話故事，與勞工及貨幣市場有何關聯？當然有關。這個故事證明，自行應驗成真的預言，有多麼的可怕。畢竟，若第一個預言不啟動，拉依俄斯國王便不會讓他兒子有機會，也就是讓伊底帕斯殺了自己；這名男孩將會在底比斯王國的皇宮裡長大，他會知道自己的親生父親是誰，最後也不會親手弒父。第二個寓言亦是如此。假如祭司當時不告訴伊底帕斯將會娶自己的母親，他也不會離開科林斯王國，也不會在路上遇到他的生父或是怪獸斯芬克斯，更不會解開謎語、當上底比斯的國王，不會娶了自己的生母。

神諭的能力，也同樣讓勞工與貨幣市場以及所有組成這些市場的人們，走向自我毀滅，將會對百萬人造成極大的影響。當米麗安、瑪麗亞以及其他生意人看到薪資與利率下降或者變低，他們開始預期經濟活動將開始走下坡，或是維持在低檔，因而不願意借貸、聘僱員工，這會更坐實了薪資與利率維持在低檔或是掉得更厲害的事實，他們的悲觀預期因而應驗，並且一直維持下去。

假如索福克勒斯來撰寫財經專欄與經濟學的教科書，讀者就能輕易地明白，造成市場社會試驗與苦難的本質及原因是什麼。

人性元素

房屋、汽車、食物以及娛樂，本身就可以帶來回饋，並且具有令人渴望與嚮往的特質。相較之下，聘僱員工以及借錢，只不過是達到目的的工具。生意人為了創造產品的交換價值，因此被迫承租勞力與金錢，但實際上，他們寧可不聘僱任何一位勞工，或是借貸一分錢。

如果經濟是社會的引擎，債務是其燃料，那麼勞力就是火星，是讓引擎充滿生命力的呼吸力量，至於貨幣就是讓機器不會故障失靈的潤滑劑。可是痛苦的地方是，這兩者雖然都有推動引擎的能力，但也能讓引擎停頓，而且無法再次啟動。失業否認者深信，勞力及貨幣可讓引擎順利運作：只要薪資下降，則失業問題將會消失，若利率調整至「正確」水位，則儲蓄會轉換成為工作機會及設備投資；但其實，上述這些情況都不會發生。

現在妳或許開始懷疑，是否有方法能馴服與控制這兩個魔鬼。難道沒有辦法打破預言自我應驗以及永遠悲觀的循環？答案是：很不容易。這兩個讓勞力與貨幣市場成為市場社會禍根的魔鬼，正是我們之所以為人的某些東西的展現：我們反映自身及他人行為的能力；影響別人心理以及預測他人行為反應的能力；還有一項能力是了解人類儘管擁有聰明與智慧，我們與其他人，依然很少能抵抗自我保護的短期衝動，最終證明都是被自己給擊敗。要緩和這混亂、矛盾、非理性以及反常的人類行為，讓理想的經濟機器能順利運作，需要大眾對社會每個地方，重新再思考與整合，就如同發生在十八世紀英國所徹底進行的「大反轉」一樣的激進。

不過，目前我們正在一個發展軌道中。我們正在數位與人工智慧機械化與自動化的過程裡。不幸的是，這顯然會將我們帶往與解決之道背離的方向，因為其目標並非讓人類與機器的步調一致，而是要機器在瞬間取代了人類。人類的精神或許會是這次變遷的犧牲者，但也可能會是救贖的機會。

6

令人焦慮的科技

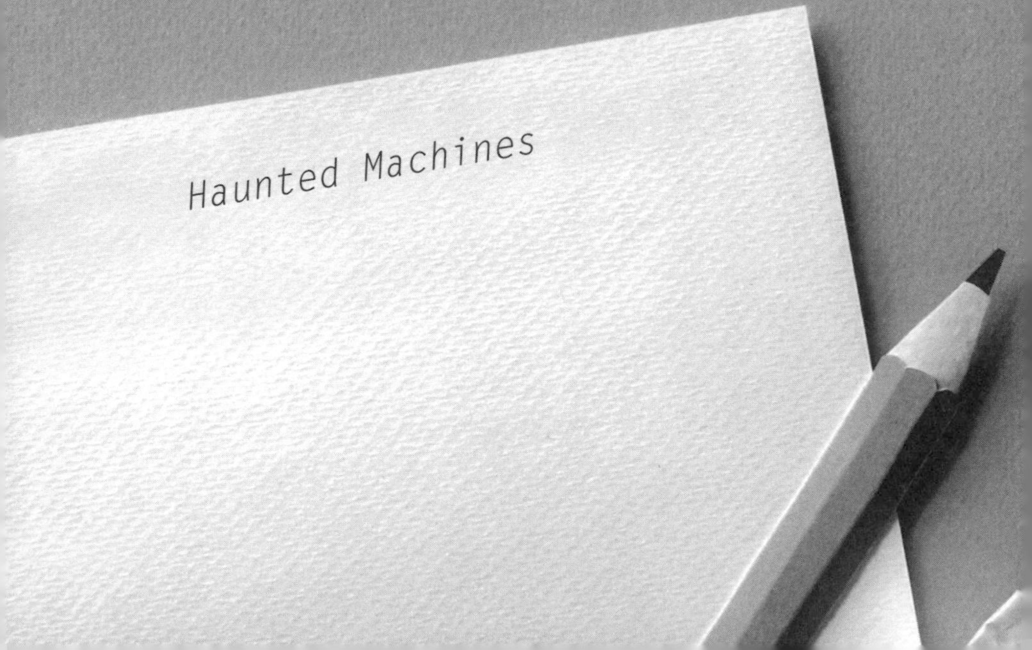

【第6章】
令人焦慮的科技

十九世紀初期，在一個漆黑的夜晚，一群人包括了作家瑪麗雪莉以及詩人拜倫，在瑞士鄉間裡的一間豪宅裡聚會。當晚天空雷電交加，大雨滂沱，燭火不斷的閃爍，在這棟房子承受著暴風雨侵襲，不斷發出各種嘎吱與低沉聲響之際，這群作家們決定進行一場比賽：每個人必須寫一則恐怖故事，並從中選出最恐怖的故事來。

瑪麗雪莉先想出《科學怪人》這個故事。故事描述一位好醫師法蘭克斯坦，一心想要打敗當時因霍亂盛行，以及營養不良而帶來的極高死亡率。法蘭克斯坦是一位了不起的科學家，一心想打敗死亡的他，在自己的太太也患病之後，決心變得更為堅定。為了達到目標，他先必須瞭解死亡，了解生命背後的基礎以及血肉如何轉變成為活生生的人類。因此他開始對屍體進行實驗，選取各個屍身中仍保留完整的部分第一具屍體的器官，另一具的頭部，第三個屍體的雙手等等，再縫合在一起。他再利用電流電擊他所製造出來的怪物，希望可以讓它活過來；他認為，只要能將這些屍體「原料」，形塑出一個活生生的個體，幾乎就能擊敗死亡了。

突然之間，法蘭克斯坦製造的怪物開始顫抖，它痛苦的活了過來，並且從實驗台上站起來，走了幾步路。接著，幾乎在同時間裡，怪物也開始有了情感。法蘭克斯坦非常害怕，也厭惡他所製造出來的怪物，因而奪門而出，把它留在實驗室裡。

由於無法融入敵視它的社會，同時為了報復法蘭克斯坦的遺棄，還有席捲而來的寂寞感，怪物開始殺害人類，其中包括了法蘭克斯坦的妻子。最後，為了銷毀他一手打造的怪物，消除對人類所造成的威脅，法蘭克斯坦醫師一路追殺怪物來到了北極，但這時怪物為了自保只能轉向醫師，痛苦的將給予他生命的醫師殺害了。

科學怪人症候群

在瑪麗雪莉創作這個故事期間，發生在歐陸的拿破崙戰爭尚未結束。當時市場社會才甫出現於英國以及阿姆斯特丹——另一個發展成熟的商業社會——至於其他地方，市場社會仍是一個遙不可及的景象。雖然拜倫、雪莉以及他們的朋友們可能都是浪漫主義者，但他們卻非常了解社會的脈動。雪莉這本有先見之明的著作，反映出一位敏感的作家，對於科技對社會造成影響的焦慮感。

在第三章中，我們瞭解到當第一個生意人尚未開始投入生產前，就開始借錢負債，便已把追求利潤變成一種終極目標。若不能賺錢，他們就會成為債主們的奴隸，就像浮士德醫師最後成為惡魔的奴隸一樣。為了賺錢，他們必須相互競爭以爭取客戶。為了贏得客戶，他們被迫降低產品的價格。為了降低售價，他們在付出同樣勞力薪資之下，必須追求產品的最大產量。假如機械工程或科技發明的斐然成效，能為這群困苦求生的人帶來好處，他們也就會很快接受這些轉變了。

詹姆士瓦特的蒸汽引擎以及後來的其他許多發明，能成為市場社會裡不可或缺的要素，主要是因為追求獲利動機以及生意人彼此之間的競爭所致。假設，瓦特生長在古代由法老統治的埃及社會，並且發明了蒸汽引擎。妳認為會看到什麼景象？想像一下瓦特站在法老王面前展示他的發明。瓦特最多只能讓埃及的統治者留下深刻印象，將一座或是多座引擎放在法老王的王宮裡，留給訪客們參觀，向訪客們強調作品的精巧偉大。由於法老王擁有成千上萬聽從使喚的奴隸，沒有生意人們競逐獲利，瓦特的引擎永遠不會被用在農田或工作坊裡，更別提及工廠了。

起初，商人在獲得新機器，增加了每個勞工的生產量後，讓他開始具有超越對手的優勢。然而，當每個生意人都使用這項機器時，這項優勢自然也就消失了。不稍多久，當一兩名領先的生意人又獲得更新穎的科技發明，不用多久，這項科技又會普及成為一個普遍的設備。正因為這無止境的追求過程，人類逐漸獲得了非常多的科技設備，多到在當今的生活中，已鮮少有物品不是由機器所生產的。

由於機器無怨無悔的為人類工作，我們或許已開始夢想，每個令人厭煩的工作都可以由機械代勞，如此一來，人類便可過著沒有工作或家事煩擾的舒適生活——有點像是電影《星際爭霸戰》裡的社會，裡面的人類忙著進行宇宙探險，在星艦「企業號」上進行哲學性對話，當星艦的隊員需要或渴望時，他們的食物以及其他物品，舉凡從衣服、工具、樂器甚至是珠寶，就會從「複製機」裡跳出來。

但是，慢著。現實生活並不會變成這個樣子，不是嗎？我們的發明——裝設在每個工廠、土地、辦公室以及店面裡的機器設備，已經幫忙生產非常多產品，並徹底改變我們的生活，可是，它們卻未消滅貧窮、飢餓、不公平、瑣事或是對未來基本需求的焦慮等。它們有可能做到嗎？從某些意義來看，正好會反其道而行。機械的不間斷運作，製造出龐大的驚人產品，雖然讓我們的生活更便利，我們卻也變得比以往更焦慮。我們或許不用再把孩子鏈在工廠的機器旁，但每個雇主在競爭下，被迫接受使用最新的科技發明，以至於我們都有被科技綁住的感受，由於自己的速度也必須跟得上其需求，使得人們的疲憊與焦慮感日益增加。

許多人現在的工作品質都比以往低，也變得更沒有安全感——更擔心自己的下一代，日後為了有個棲身之所，而必須辛苦從事危險且無須動腦筋的工作。我們就像是一隻在轉動輪子上奔跑的倉鼠：無論我們跑得多快，我們總是在原地打轉。簡單的說，機器並沒有為我們幹了什麼活，有些時候，反倒像是我們拚了老命似的在保養維護它們。

因此，瑪麗雪莉的小說其實隱含了一個隱喻：它警告十九世紀的讀者們，倘若人類不小心，科技不但不會為人類做出貢獻，反倒會創造出奴役人類的怪物，它會恫嚇我們，甚至是毀滅我們；小說還警告讀者，這些發明其實都出自於人類的創造力，就像法蘭克斯坦醫師想到將屍體依然完好的部分拼湊起來，變成了一個怪物，它們最後都會反噬其創造者，以悲劇結尾。

從許多故事裡，其實可以看出人類的秘密。自工業化以來，許多文學作品與電影創作，例如格林兄弟童話《甜稀飯》、大文豪歌德的敘事詩《魔法師的學徒》，乃至於《銀翼殺手》、《魔鬼終結者》等電影，我們都很害怕自己所創作出來的新發明。在我的眼裡，在這些故事或電影當中，有一部科幻小說堪稱是瑪麗雪莉《科學怪人》的接棒人，至少從科技奴役人類而非解放人類這個角度來看：《駭客任務》。

《駭客任務》與馬克思

法蘭克斯坦醫師從屍體中取下許多堪用部分，再組成起來所創造的怪物，因為經不住心中的怒氣，因此殺害人類。《魔鬼終結者》電影裡的機器人想終結人類，是因為它們想占領地球。而《駭客任務》更是有過之無不及，該電影描繪機器人已經佔領了地球，只是還留著人類苟延殘喘。

機器人不讓人類滅亡的原因，是因為在它們取得權力之前，人類已耗盡了地球的能源，並且讓地球覆蓋上一層難以穿越的黑雲，阻擋了太陽光的照射。唯一僅存的動能，就是人類的身體。人類被囚禁在一個特殊吊艙裡，像水耕植物般的被餵養，而人類新陳代謝所產生的熱能，就被汲取出來利用，用作機器社會的能源。然而機器人也發現，即使餵養人類營養的食物，給予人類好的生長環境，但囚禁在吊艙、無法與人互動，缺乏希望與自由，人類也會很快死亡。因此機器人才會創造出一個母體（matrix）：一個由電腦創造出來的虛擬世界，並將各種虛擬的感知感受投射在被囚禁的人類大腦裡，讓人們以為仍活在以往的美好日子，好讓人類在不知情的狀況下，一直被奴役與利用。

《駭客任務》這類科幻電影其實深擊我們的痛處，因為它們道出了我們目前的處境。《駭客任務》就像是一面鏡子；妳可以說它就是一部帶著寓意的紀錄片，反映出我們的世代，或者至少反映出我們的焦慮。它完整道出我們對機械化的恐懼，成功描繪出人類身體被商品化以及心靈被奴役的恐懼，我們怕科技已讓我們不再意識到它的存在，怕控制我們的科技已讓我們對真正的現實渾然不覺。事實上，《駭客任務》表達出我們的內心恐懼，我們害怕這個現象或許已經發生在我們四周，但我們卻無從得知。

享有十九世紀革命性思想家美譽的卡爾馬克思，曾經寫道，生產時使用的生產工具機械是我們應該低頭的一股「力量」。或許《駭客任務》已完美描繪了這個過程：這部電影告訴我們，卡爾馬克思所相信的市場社會的演進，正推著我們往前行。（相信妳並不感到意外，馬克思博士受到雪莉《科學怪人》的影響甚深；其實那些對經濟有精闢看法的作者，很多想法多半借自藝術家、小說家與科學家的創意。）

但是，馬克思曾表示，經濟裡面有一個安全機制（safety feature），是我們可懷抱希望的理由：市場經濟體裡有個傾向，在機器完全取代人類勞力之前會先引發一個危機，而人力的機械化會強化這傾向，這可防止生產時完全捨棄人力的情況發生。

依卡洛斯症候群

還記得依卡洛斯的希臘神話嗎？他誤用了父親達羅斯為他以蠟與羽毛混製而成的翅膀，想逃離米諾斯國王的迷宮？結果依卡洛斯因為飛的太高，太接近太陽，翅膀上的蠟因而熔化，他因而跌入愛琴海裡。

市場社會也很容易發生這種愚蠢的事。起初，整個過程會慢慢、痛苦的往自動化方向前進，而非像依卡洛斯一開始就掙扎的向上飛，追求高度；但是一步步的，在生產過程當中，隨著新科技的使用，從十八、十九世紀的蒸汽引擎，乃至今日的機器人等等，勞工們的勞力就會被壓縮。每個階段裡，生產的成本，例如一匹布或是汽車，只要成本下降一點，布料或汽車廠之間的競爭，就會迫使售價往下滑。但是在科技革新真正發生的某個時刻裡，速度就開始飛快的前進。一個晶片或一支蘋果手機的生產成本開始大幅下滑；我們目前就處於這個階段。如果妳參觀一間現代化汽車工廠，或是最新的手機或筆記型電腦工廠，妳會看到廠裡整排的機器不間斷的工作，需要人力的部分已經降至最低。但我們都知道，市場社會所驅動的這個過程，是為了增進獲利，也唯有售價高於成本，才能獲得利潤。但是問題是，有三股力量使得產品價格快要低於成本水位。

第一個力量是生產自動化使得成本降低。第二，製造商之間殘忍的競爭，使得它

們不敢將產品售價訂得超過（已下降的）成本，這會壓縮廠商的利潤。第三，取代人工的機器人，並不會花錢在這些生產出來的產品上，這會讓產品的需求降低。馬克思認為，這三股力量最終使得產品價格下降，甚至低於成本的水位，而且會不斷的繼續下去。這將會是市場社會的翅膀，開始熔化的那一刻，就像依卡洛斯一樣。隨著自動化火速發展至今，產品價格可能暴跌的速度，已比企業可應對的速度還要快的多。

實際上，它的發展應該會是這樣。面對崩跌的價格，因競爭而被迫借貸投資於最新設備的企業，將發現自己想賺錢的希望破滅。當許多產品的價格低於成本，某些體質以及效率差的企業，就會大幅虧損並且破產。它們會打電話通知銀行，說明自己已經付不出貸款，這將引發我們先前提到的一連串效應：經濟崩跌與危機發生。

我們都曾見過這個景象，但現在我們正在一個更深的危機裡蹣跚而行：生產過程中的人力降低與擠縮。現在正該是讓人力捲土重來的時刻，至少在生產過程中，從機器手中取回少數地位。但，究竟該怎麼做才好？

這個危機會使得人類與機器都閒置，結果就是：裁員。此時，任何一個仍有辦法維持運作的企業，會明白兩件事。第一是，當許多競爭對手關門大吉時，彼此競爭也會減少，因此可以將產品訂價往上調整，使價格稍微高於成本，這可以讓企業有稍微喘息的機會。另一個是，聘用勞工的成本會比裝設機器還要低可能是因為人還需要吃飯，這會讓人們願意為五斗米折腰。所以結果會是，在經濟崩跌期間，雇主開始聘僱部分人工，勞力將會收復以往曾敗給機器的部分失土。的確，在我印象中，當全球歷經最糟的經濟崩跌、也就是二〇〇八年重挫之後，勞動力在諸多國際市場經濟中，再度捲土重來。

有人曾說，最具復仇意圖的神，會賜與我們最強烈的慾望。雇主最強烈的慾望，就是將企業經營中麻煩的人性元素消除，在機器化生產裡保有所有權並從獨佔中獲得利潤。任一位應許這種願望的神明，都會帶來真實的復仇。就像是希臘故事中能夠點石成金的邁達斯，他期待他碰過的東西都可以變成黃金，但最後的結果卻讓他悲傷、寂寞不已；因為他不能碰觸自己所愛的人，以免殺了他們。而求財若渴的雇主，將發現自動化與自己的期望背道而馳：獲利降低，更糟的是，面臨可能讓自己破產的危機。

另一個可用來形容市場社會困境的寓言，就是大家熟知的西西弗斯神話，這個國王遭到宙斯的譴責，必須將一顆巨石推到山上，但等他一到達山頂，石頭又滾回山腳下，他只能不斷的重複，永無停止。市場社會也因為不斷的想將人性從製造產品的過程中去除，而受到類似的譴責，只能自食其果。

我不知道妳有什麼感覺，但我在這個諷刺裡，卻得到了撫慰。

反抗從不會徒勞無功

約莫在瑪麗雪莉撰寫《科學怪人》的時候，一群英國工人，就是大眾熟知的「勒德份子」，抗議成衣與羊毛工廠使用新式蒸氣織布機讓他們丟掉了工作，因而將機器全部毀壞。勒德份子其實是史上最被誤解的主角。他們反對的並非機器本身；他們是反對擁有機器設備的雇主太少。他們反抗的不是科技，而是社會安排。

勒德份子當時無法達成的目標：對機械無止境的發展應有所限制，如今看來已算達成，至少有時是發生在市場社會的翅膀熔化的時刻。從歷史來看，這些市場崩跌的發生，都是自動化發展伴隨銀行業重挫所導致。而這代表的是，雖然自動化持續以驚人速度加快發展，但這亦不過是其中一個原因。

假如妳搭飛機去孟加拉參觀一間 T-shirt 工廠，妳會對眼前數千名勞工、完全沒有機器設備，一起縫製衣服的景象感到吃驚。這個畫面與一九三六年卓別林的電影《摩登時代》很相似。電影裡，卓別林是一位在不間斷的組裝生產線上工作的勞工；生產線是一九一三年代的新發明，它對生產過程有革命性的改變。為了趕上機器的速度，他工作速度也被迫愈來愈快，以至於後來的動作，開始變得跟機器一樣，不斷的旋轉，最後失去控制；他製造出的混亂，最後讓他丟掉工作並且被送去坐牢。

馬克思從同時間裡的血汗工廠，看到未來的工廠是由機器人所掌控，他的判斷，至少有一點是正確的：我們的市場社會不斷接受科技的創新，不僅僅在於機器人取代了人力，一旦當人力薪資比購買機器設備還要低廉時，勞工也會被機械化。

我們這裡還看到另一項令人覺得諷刺的事，應該可讓人類在與機器競賽時，抱存一點希望。不像機器，聘僱人工一直有一項好處：可讓薪資不斷循環，無論薪資高或低，都有助於人工勞力所投入之產品市場的形成，無論這項產品是什麼。同樣的，如果薪資降低了，例如工作內容愈來愈機械化，也不需要太多技術時，薪資可能會低到連這些由自己所生產的產品都買不起。

從這個角度來看，勞工反抗自己的機械化，對自動化危及獲利的過程踩煞車，是符合了所有市場社會的利益基於整體平衡下，甚至包括了雇主；這是市場社會基礎下的另一個矛盾，儘管多數雇主堅決反對，例如勞工要求縮短工時，特別是透過公會，提升薪資以及更人性化的環境等，但這才是治療依卡洛斯症候群的解藥。

《星際爭霸戰》電影裡的英雄們，經常要與博格人對戰。博格人是一群科技發達，只有集體意識、沒有個體思維的種族，他們的目的是將所遇到的每個種族，變成他們的一份子。他們常對人類說：「你們將被同化——反抗無用！」但事實正好相反：反抗從不會徒勞無功！

機器的奴隸，還是機器的主人？

妳可能察覺到，要完全的將生產過程自動化，我們必須還要發明會設計以及製造新機器的機器設備。沒錯，當今社會中的最高交換價值，都是由設計師所創造，而不是由生產線上的勞工或工頭領班。舉個實際的例子，一支大約六百美元的蘋果手機，只有不到一百五十美元是屬於中國的生產組裝廠，其餘的獲利則是由蘋果公司所賺走，作為所謂的智慧財產權的費用。如此一來，我們對全自動化世界的所有推測，就像《駭客任務》裡的世界，倘若機器無法重製人類的智慧、創新能力、設計機器及目前尚未存在的產品，其實也沒有任何意義。機器人能否完美的完成上述任務？主要從這問題的答案來判斷。

假如機器人可以擁有人類的智慧，我們可以想像一下，日後，整個產品生產過程將完全由機器人代勞，它們不僅是手工作業的勞工，也負責創新、設計與研發，還有所有各項人類要完成的瑣事。至於人類們，則可以過著像是蘇格拉底、柏拉圖、亞里斯多德般的生活，在集會中暢談每件事情的意義，在這個未來情境，沒有人被迫得做以前女人與奴隸必須做的苦差事。不過，還有另一種可能的結果是，我們會被囚禁在吊艙裡，做個渾然不知的奴隸。

無論是哪一種情境，我們可確知的是，機器人不久就能做出我們現在也意想不到的事。未來幾年，舉個例子，當我們打電話給一些廠商，我們或許很難判斷電話中，跟妳說話的究竟是人還是機器。如此一來，世上數百萬個工作將會消失。因此我們該問的問題是：這些工作，是否會被其他只有人類能做的新職位所取代？

若我們的社會一直維持現狀，只有少數人有權利獲得機器帶來的利潤，那麼，上述問題的答案，應該是否定的。這個離理想甚遠的世界，與《星際爭霸戰》電影裡的世界截然不同，因為那些控制科技者，堅決使用機器人是因為能增加自己的獲利，增進自己的權力。畢竟，每個雇主的夢想，並非是一個每個人都毋須工作、視利潤為敝屣的社會；也不是一個人人公平享受均富，由機器人設計、指揮其他機器人來提供服務的社會。他們的夢想是用機器取代所有他們的勞工，但其他競爭者仍持續聘僱勞工、提供產品給這個市場，能讓他們累積其他競爭者無法享受的財富及權力。

倘若我是正確的，我們的市場社會並不會進化得像《星際爭霸戰》一樣，亦不會發展至如大型科技巨擘所強調的美好世界那般。我擔心的結果會比較像是《駭客任務》裡的世界，但這個世界並非由機器人掌控，而是由富可敵國、權傾天下的企業領袖。倘若真是如此，這並不是耐心等待當今或未來的Google、蘋果公司、特斯拉、亞馬遜以及微軟等企業，將嶄新與美好世界拱手讓給我們的問題而已。因此，我們究竟應該怎麼做才好？

交換價值的秘密：人類

過去數十年來，開始出現一個有趣的說法。由於人工智慧已無可避免的超越人類的智慧，為了停止或放緩這個進程、保存即將消失的人性，與其改變已對各種財產有各項法規規範的組織社會，我們倒不如反其道而行：讓我們乾脆擁抱這項改變，奮力的往科技化前進，讓大家都成為「後人類」，人類日後將難以與未來的精密機器人做區別。換句話說，若不能打敗它們，乾脆加入它們。

要真正了解這項爭議的含意，我們首先必須先回答一個問題：一個擁有意志及精神靈魂的人類，與一台先進的機器人，兩者有何差異？

在一九八二年的電影《銀翼殺手》中，主角瑞克戴克（哈里遜福特飾演）勉為其難接下一個任務，必須追捕從地球外殖民地逃脫回地球的仿生人；這些機器人之所以被囚禁在地球外殖民地，是因為人類害怕其智慧與能力。問題是隨著科技的進步，這些「複製人」愈來愈精細，且難以與人類辨別。在人口眾多的洛杉磯，戴克發現更是難以找出他的目標，而且隨著最新穎與最先進的機器人，即將發展出追求自由的情感與慾望，戴克的任務更變得艱困無比。在這部電影裡，戴克以及觀影者被迫思考，身而為人的意義是什麼。

現在我們進行一個假設，假如妳有聽力障礙，因為完全聽不見而戴了一個助聽器，又或者，假如妳的腳截肢，戴上了義肢。妳還是人類嗎？當然是。假設現在我們開始將妳的器官換成機械式的，一個接著一個：仿生心臟、機械肺部、人工肝臟與腎臟。妳仍是人類嗎？當然還是。假如我們換掉妳的大腦呢？假設我們在妳大腦戰略位

置上裝設一個晶片 就像帕金森氏症病患為了減緩症狀所做的手術希望能夠增強妳的反射呢？妳在這些技術的背後，同樣依然是原來的齊尼亞。

但是，假如我們慢慢的一部分、一部分的換掉妳的大腦呢？直接一點，假如我們一直下去，直到某個時候，妳將不再是妳，妳會成為一個真正的機器人。我們或許很難確切指出哪個元件或器官被更換了之後，就會讓我們超越人與機器的臨界點；但我們知道，只要人性消失，就成了真真切切的機器，這已足夠。

現在，假設我們對世界上所有人類都進行一樣的手術，那麼，人人都會像是電影《銀翼殺手》中一樣包括了主角瑞克戴克——都是複製人；又或者，人類不是母體的奴隸，而成了操控母體的機器：這是那群預想未來是「後人類世界」者的理想境界。但，請先將我們對這種未來境界的傷感異議拋在一旁，我比較擔心的是，像這樣的機器人世界，以純經濟學來看，是非常荒謬的。

讓我們以電影《駭客任務》來說明。我要問妳，妳認為那種世界裡的經濟體，與我們這種經濟體最大的差異是什麼？答案是，在我們的經濟體中，一切物品都依賴交換價值，但是在《駭客任務》那種世界，交換價值的概念是荒謬且無意義的。《駭客任務》世界中確實存在複雜的經濟體：需要大批機器人來維持，不斷的以先進機種來更新替換舊機型、設計新科技、生產新的機器人、以及更新母體。然而，機器缺少人類所擁有的判斷能力與自由意志之自覺性，更不用說機器之間的交換會擁有任何價值，根本不會有人在乎與重視。

試想有一個機器時鐘，裡面每一個齒輪與彈簧都獨立運作，零件之間的相互配合下，可以提供我們正確的時間。這是一個充滿複雜的能量交換系統。可是，若要說這些零件部位彼此間產生了交換價值，又非常愚蠢好笑。居住在《駭客任務》這樣的世界，或者是只有複製人居住的後人類世界裡，很像是住在時鐘或筆記型電腦裡面般：這是一個擁有相互關聯的機械元件系統，但是運作上缺少了人性的介入，它能夠建造出驚人的結構、模式、甚至是城市，但卻無法產生交換價值。

這些城邦比較像是蜂巢，而非社會，居住在裡面的成員比較像是蜜蜂而不是市民。它根本稱不上是一個市場社會。它甚至是根本就不是一個社會。

希望之源

無論喜歡與否，科技創造出能從事大量工作的複製人，已是遲早之事，這只是時間問題而已。但是，即便後人類世界並不能稱得上是經濟體，但我們也不能反其道而行：將能夠讓我們不必再幹苦差事、產生乾淨能源及以合成救命藥的科技創新全部終止。我這裡要澄清的是：我熱愛科技，也沉浸於它帶給人類與整個地球的益處中，就像是瑪麗雪莉一樣，我確信，我也喜愛科學戰勝疾病的想法。但是，喜愛科技是一回事，但是，在人類慢慢變成《駭客任務》裡的機器族群尤其是看著讓經濟體存活的每個元素被破壞殆盡、得意的站在一旁，這又是另一回事。

然而，誰又能阻止這股停不下來的機械化生產趨勢，不至於造成一個接著一個的危機，不至於讓一代又一代的勞工陷於不完全就業，甚至是完全失業的困境？誰可以扮演像是「未來的聖誕精靈」的角色，出面警告眾多的史古基們，我們未來的機械化世界將會是什麼模樣？

諷刺的是，隨著科技正不斷的進步，我們或許能發現，在苦苦維持人性化精神的這條路上，我們並不孤單。《銀翼殺手》電影的最後一幕裡，瑞克戴克與一個不知自己是機器人的女複製人一起逃出，直到瑞克告訴她事實，她才知道自己的身份，也是瑞克一開始要摧毀的目標之一。他明白若自己殺了複製人，自己的人性也開始喪失，因此瑞克決定違抗自己的「程式」，與女複製人一起逃走，並讓她能夠找回自己的精神與靈魂。這類的事情雖不可能發生在現實世界裡，但在一個要把大家都變成機器人的社會中，不僅人類會反抗，機器人或許也會克服自身的機器特質，這也許給了我們一線希望：科技未必會走向《駭客任務》的反烏托邦，倒是較接近《星際爭霸戰》的世界。

但請先將這個牽強的一線希望擱置一旁。現在，我要說說一個近在咫尺、真實又美好的希望：要相信人類擁有無窮無盡的能力，去對抗靈魂與精神的逐步削弱，以及勞力的價格貶抑；至少這是我的信念。畢竟，《駭客任務》不是一個關於奴役化的故事，這是一個人類對抗並逃離被奴役的故事。至於另一個希望來源是，我們都知道，在痛苦掙扎中一直有一個最佳盟友：自動化的過程若是太過成功，依卡洛斯症候群危機將會接著發生，然後就此結束。

我們當然不會忘記危機曾摧毀了百萬生命、整個世代，我們其實從不希望它的發生。但同時之間，我們也因經濟的週期性地震，也曾為勞工的重生帶來機會。破產與危機讓人工變得便宜，至少會維持一段時間，這可讓仍存活下來的企業捨棄使用昂貴的新機器，轉而聘僱貧窮的勞工。每個危機孕育著復甦，反之亦然。

嶄新與全然不同的大轉變

經濟崩跌還有另外一個好處。就在妳出生之前，也就是在所謂美好年代——正是銀行努力放貸，但最終使得整個經濟泡沫於二〇〇八年吹滅的期間——餐廳裡、媒體上、國會裡的討論與對話，盡是不切實際的妄想：中產階級不斷的認為房價、自己的投資將會持續上揚，他們堅信危機都是過往之事。這是一段悲傷又惱人的時期。雖然我對隨之而來的二〇〇八年經濟崩跌感到驚駭與生氣，但是我對當時泡沫的吹滅，也倒是鬆了一口氣：至少我們看清了所處的真實環境，讓人類的態度重返謙卑。

透過這種週期性的犧牲，讓經濟危機改變，成為我們得以保留人類靈魂及共識的唯一方式，這當然仍會令人生氣。因此，我們才需要著手進行一項嶄新與全然不同的變革，才能確保人類聰明使用機械勞工，並且造福所有人。至於這項變革，究竟會是什麼？

我這裡有一個想法，可以讓人類的利益與機械的興起相互結合。簡而言之，這個簡單又可行的方式，就是讓每間公司的部分機械設備，成為每個人的財產——這個占比會與分潤比例相對應，再流入一個共同基金中，平均分配給每個人。在人類的歷史上，這會帶來什麼效應與影響？

現在，隨著日益增加的自動化，流入勞工口袋的總收入降低，但流入擁有這些機械設備的富者口袋的獲利卻愈變愈多。但是正如我們所見，這最終會使得產品的需求降低，因為多數人可以用來消費的收入變少。倘若這些獲利有部分比例也自動流入勞工銀行的帳戶，如此一來，需求、銷售以及價格的下滑壓力，就可以獲得舒緩，讓所有人們都可獲得勞力機械化帶來的好處。

只要我們還需要高技術的人力，來設計用來製作其他機械設備的機器，生產過程的全自動化就不會發生。在這個情境下，我提到的利潤分配效果，會讓產品的價格在勞工收入上升時，仍維持在上下穩定區間裡，因為大家的收入，愈來愈可以負擔得起產品的購買。

萬一有朝一日，生產流程真的全面機械化，人類再也不需要設計或製造用來製作其他機械的機器人，所有產品的價格與勞工收入將會慢慢下滑，直到每項產品都像我們呼吸的空氣一樣：數量很多，但也沒人必須付費購買，即使可能依然珍貴。如此一來，我們應該就像《星際爭霸戰》裡的畢凱艦長一樣，可自誇「人們再也不需要囤積東西。我們已消除飢餓、慾望、佔有的需求。我們擺脫了嬰兒期。」

或許妳覺得我已走火入魔，已陷入了科幻小說的幻想裡——很多人也會這麼說——但不必擔心。我有很多很棒的同好。史上最受尊崇的經濟學家凱因斯，在他的論文《我們後代的經濟前景》（The Economics Possibilities for Our Grandchildren）一書裡曾寫道：「對金錢的愛好作為一種佔有慾將被視為一種可憎的病態，一種半犯罪、半病態的性格傾向，人們需要把它交給精神病專家處理。」

即使他是在一九三〇年寫下這段話，當時生產過程的全自動化程度仍不及於現在，但凱因斯的口吻卻像極了畢凱艦長，妳不覺得嗎？

盡可能簡單明瞭的說：人類急需一個方法，能全然利用我們的科技潛力，卻毋須週期性的摧毀眾人的生計，毋須讓自己最終成為少數人的奴隸。要達到這個目標，首要是將我們與富者所創作出來供生產使用的機械設備，透過所有權比例化的方式，重新分配。

但誰會阻止我們推動這個方法呢？當然是非常有權勢、擁有現有機械、土地、辦公室、區街，以及銀行的少數人，他們將會猛烈的反對。在他們的反抗下，我們又該怎麼做？

在最後兩章裡，我希望能說服妳；而這個重要問題的答案，與我們檢視機械的興起（本章所討論）、經濟的命脈、貨幣（下一章即將討論）或人類的命脈，環境（最後一章）的答案是一樣的。請耐心等待，答案很快就揭曉了。

7

非政治貨幣的危險魔力

The Dangerous Fantasy of Apolitical Money

【第7章】
非政治貨幣的危險魔力

第二次世界大戰期間，德國依照戰俘所屬的國家，有不同的對待方式。他們殺害俄國與羅馬戰俘、當然還有猶太人，但是另一方面，卻依照日內瓦公約各國同意對戰俘享有的基本人權規定，來對待英國、大英國協、美國與法國的俘虜。

一九四一年，一位英國軍人理察雷德福被德軍捕獲，被囚於專門關押西方罪犯的集中營。當戰爭結束，雷德福透過自己身為經濟學者的訓練與觀察，趁機將他在戰俘集中營的生活記錄下來。

在集中營裡，不同國籍的戰俘被關在不同建築中，他們通常可以在各建築間自由走動。紅十字會的工作人員會觀察他們的生活狀況，並定期提供來自瑞士總部的包裹。包裹裡通常裝有食物、香菸、咖啡、茶、巧克力等等。紅十字會的包裹，讓集中營裡的日子不那麼單調，故一直為人們殷切企盼，尤其是菸槍們。即使戰俘們的喜好差異相當大，但所有人們的包裹內容物都是一樣的。從每個人的喜好差異中先看到機會的，是一群精明的法國軍人。他們知道法國人喜歡喝咖啡，不太愛茶葉，而英國人則相反，因此他們開始與各國戰俘，定期進行物資的交換。

每當紅十字會的貨車卸貨，這些聰明的負責交易的法國人開始接近自己同袍，向他們借包裹中裡的茶葉，並保證會帶回咖啡歸還。接著他們前往英國人居住的建築裡，用手中的茶葉向英國人交換咖啡，再依承諾回到自己同袍身邊歸還咖啡。他們為何要這麼做？裡面有什麼奧妙玄機？

這些負責做交易的法國人，他們在交易過程中獲得的好處，就是留在自己手上的咖啡。他們是怎麼辦到的？答案是，他們歸還給自己同胞的咖啡量，比英國人實際拿出來做交換的咖啡數量還少。

套利

用經濟學來解釋，做交易的法國人就是付了較少錢向自己同胞借了茶葉，再以較高價格向愛喝茶的英國人換入了咖啡。由於集中營的囚犯並沒有真正的貨幣可使用，因此這個價格並非以英鎊、馬克或美元來衡量——計值，而是以咖啡的重量計算。用經濟學術語，這個先在某市場以低價買進產品，再到另一個市場以高價賣出的行為，就叫做套利。

當其他人很快了解箇中玄機之後，也開始做起一樣的事。一旦交易的競爭愈來愈激烈，法國人歸還給同袍的咖啡數量，與英國人拿出來交換茶葉的咖啡數量，兩者間的差異就會變得愈來愈小。這個差異，或稱利差，正是這些交易者的利潤所在。當利差愈小，可以賺到的利潤便愈低。

假如有個叫帕斯寇的法國人，後來才加入這個生意，為了說服同袍將手中茶葉借給自己，不要給其他競爭者，他不得不承諾同袍們，日後所獲得的咖啡數量，將比以往所獲得的數量還要多；也就是說，他願意以更高價格向同袍商借手中的茶葉。當競爭者為了獲利，或為維持自己在市場裡的立足之地，不得不跟隨帕斯寇的腳步時，茶葉在法國人住的營帳裡的價格就會持續攀升，因而壓縮了這些法國交易者（咖啡）的獲利空間。同時之間，英國營帳中也發生類似的討價還價行為，一直到了：在法國營帳中，大家對英國人願用多少咖啡數量來購買他們的茶葉，擁有共識；在英國營帳裡，大家對法國人願意以多少茶葉數量來購買他們的咖啡，也擁有共識。

整個交易會一直進行，直到帕斯寇與其他從事交易的法國人，再也無法從交易當中獲得一絲一毫咖啡為止——亦即人人都知道自己手中的茶葉與咖啡的價值為何。換句話說，由於他們的行為，這些交易者幫助訂定出了茶葉的價格，但在過程中，他們自己也因而失業了。

由於在惡劣環境中可獲得許多物資的慰藉，隨著多數戰俘參與這個即時、國際性的市場，很快的，大家開始紛紛交換集中營中的所有物品。當犯人彼此間開始進行交易，所有物資的價格開始漸漸穩定，達到經濟學者們所謂的平衡狀態。在達到平衡之前，交易者主要依其談判能力與銷售技巧，從中獲利——有人願意以十公克咖啡換取一條巧克力，有人則願意以十五公克咖啡銷售一條巧克力——然而當交易不斷的進行，且競爭讓利差不停的縮水，價格就會穩定下來，利潤就會崩跌，而這些交易者就會失去所有的好處。現在，倘若他們要繼續利用自己的交易專長，他們必須想出其他的交易方式——也就是新的市場。

交換價值或相對價格的穩定化，也因為集中營裡價格告示牌的出現而形成，交易者在告示牌上寫著：例如，「我願意以一〇〇公克咖啡換取十條巧克力。」其他犯人們看了價格之後，心裡便很清楚，不可能以同樣重量的咖啡，去換取九條巧克力；這就有助於整個集中營裡物品價格的穩定。妳曾注意到銀行或股票市場交易室裡的電視大螢幕嗎？這些就是所謂的彭博系統螢幕，螢幕上跳動的價格，是石油、黃金、公司股票以及政府公債的即時價格，也比雷德福在集中營裡看到的告示牌，還要更為先進。這些螢幕是幫助交易並且降低利差，同時避免交易過程中的套利機會。

致癌貨幣的出現：香菸

即時交易在集中營中變得愈益複雜，直接交易的機制——以茶交換咖啡、以咖啡交換巧克力——都有存有時間差。

舉例而言，有個加拿大人提供了一百公克咖啡想交換十條巧克力。一位想喝咖啡的法國人，手上沒有巧克力卻擁有茶葉，在提議喊價之前必須先做一點調查：「我想要你的咖啡，但我沒有巧克力，我有茶葉。我知道那個住在C5帳裡的蘇格蘭人，用十五公克茶葉換了一條巧克力，所以，你何不給我一百公克咖啡，我可以給你一百五十公克的茶葉，你可以再用這些茶葉去向那個蘇格蘭人換十條巧克力？」

這就是整個交易的開始，不過，不久之後，出現了重大改變：某一個特定商品成為可用來媒介其他商品銷售的連結；事實上，這成為了一種貨幣。香菸顯然是集中營中銷量最好的商品，抽菸者由於對尼古丁上癮，可說是已將靈魂賣給了惡魔，因此一直想獲得更多的香菸。結果，由於非吸菸者的背包中也包含了香菸，他們於是佔得優勢——香菸對他們並不具備任何體驗價值，卻具有交換價值。因此香菸的需求量頓時高了起來，因為它同時擁有體驗價值（對吸菸者而言）與交換價值（對非吸菸者而言）。

香菸成為集中營裡衡量交換價值或相對價格的單位，只不過是時間問題。為什麼是香菸？物品最終進化為貨幣單位，部分是因為機會，部分則是依其基本屬性。這些物品必須要耐久，不會像麵包或漁獲等會腐壞。它們也必須便於攜帶，最好可以放在口袋裡面，也最好容易拆分成小數量。而且對整個社群成員的吸引力要一樣。

雷德福的敘述證明了香菸如何從一個簡單、令人致癌的產品，一躍成為一項兼具三大屬性與角色的特殊商品。第一，香菸是吸菸者熱切渴望的尼古丁來源。第二，它具有作為交換與測量工具的功能，使得大家在價格比較上更為簡單與即時。第三，香菸可以隱藏起來，讓犯人們有機會在集中營的艱困環境裡，做為交易價值的儲備金。

上述香菸的最後一項特點，儲存交易價值，或許是最有趣的地方，因為其影響已超越了便利與便於交易的範圍：犯人若有機會儲存香菸，以備不時之需，那麼新的機會與風險也會隨之出現。第一個機會就是，可以將儲存的香菸出借給另一個犯人，賺取利息。至於可能帶來的風險是，借香菸的人可能無力償還，也就是我們熟知的違約。例如，借香菸者把所有的香菸都用完了，或者是把菸都抽完了，因而無力償還債權人。

然而，除此之外還有另一個風險。

貨幣的交換價值：集中營裡的通膨與通縮

當我在妳這個年紀時，我記得有個大人曾說了某件事，我實在很難懂。無論我多麼努力，就是不能明白。即使我認為我已明白，且試著向朋友解釋，才發現自己仍然不瞭解。這個大人究竟說了什麼？一張一千元面值的德拉克馬（希臘加入歐元前的貨幣單位）紙鈔，只需要二十元德拉克馬幣來製造。為什麼它具有一千元德拉克馬幣的價值？我不斷的思考，它什麼時候才會只值二十元德拉克馬幣？

或許妳比當年的我還要聰明，但請稍微敷衍我一下；現在我要繼續以雷德福集中營的故事，來解釋這個謎題。紅十字會會週期性的在犯人的包裹內，放進較多的香菸，至於巧克力、茶葉與咖啡的數量不變。每當額外的香菸拿到手，每支香菸可買到的咖啡、巧克力與茶葉都變少了。為什麼？因為一整批的香菸等同於同樣數量的咖啡與茶，因此一支香菸可換到的茶葉與咖啡變少了。反之亦然：如果紅十字在包裹中放入較少的香菸，每支香菸的交換價值，或者是購買力就變大了。簡而言之，每單位貨幣的購買力與該貨幣的生產成本無關，而是與該貨幣的供應量多或少有關。

假設有一個犯人，為了日後可以大量採購而囤積香菸，但此刻紅十字會卻突然送來大量香菸。他的香菸的交換價值突然下滑，先前的節約與節制行為就會變得徒勞無功。

由此可見，貨幣可讓交易順利進行，讓經濟更快的商品化。但另一方面，某種貨幣要能夠發揮作用，還需要人民的信任與信心：是一種人人都會持續使用、用來交換其他商品的信任感，且人人信任該貨幣的交換價值會持續維持不墜。在妳使用的第二語言——希臘語裡，「錢幣」（nomisma）這個字，融合了動詞「思考」（nomizo）與名詞「法律」（nomos）兩字。沒有錯，賦予錢幣與紙鈔價值的是法律，使其在整個國界領域中都能為人所接受使用，並相信貨幣之價值將會一直持續下去。

某個晚上，同盟國聯軍的炸彈空襲集中營所在地附近。炸彈投擲地點愈來愈接近，有些炸彈甚至掉在集中營裡。整個晚上，集中營裡的犯人擔心自己能否活著看到隔天的太陽。隔天，香菸的交換價格來到了天價！為什麼？因為經過前日漫長的夜晚，四周環繞著炸彈的轟炸以及焦慮的人們，犯人們香菸一根接著一根的抽著。隔天早上，香菸總數與其他物資相較下大幅減少。假如之前一條巧克力只需要五根香菸，現在，同一條巧克力只需要一根香菸。

簡單來說，炸彈轟擊造成所謂的價格通縮——由於貨幣數量相較其他物資明顯減少，造成所有價格的下滑。相反的，若整個經濟系統裡存在大量的貨幣，會讓所有價格上揚，這就是所謂的價格通膨。

利率：集中營裡的貨幣價格

一九四二年，當時大家都還不知道戰爭會如何結束，犯人們擔心他們還需要好幾年，才能回到自己的家鄉，因此集中營裡的物資價格還算相對穩定。由於大家認為集中營的原始經濟仍會維持一陣子，有些人——最有生意頭腦以及最有錢者——開始做起像銀行一樣的放款生意，期待在自己死掉或是獲釋之前，可以拿回自己儲存的香菸。

假設，犯人（撒佛）的咖啡喝完了，也沒有足夠的香菸可以購買咖啡，撒佛走向這些從事香菸放貸的人，向他們借了十根香菸。這些放貸者會把下個月領到的香菸借給撒佛，當他領到紅十字會發來的包裹時，他再還給這些放貸者十二根香菸——利息高達20%。撒佛會答應嗎?會的,倘若他覺得:忍耐一個月不能喝到咖啡,比少拿點香菸還要痛苦時,他會答應的。

對整體的貨幣數量有波動的預期,將會影響利率走勢甚鉅。舉例來看,假如這些做香菸放貸者,預期下個月將有大量的香菸送入集中營,將會造成交換價值下跌,讓物資的價格上揚,他們便會把借貸的利息調高。為什麼?因為他們擔心同樣數量的香菸在一個月後價值會降低。這就是經濟體中貨幣的借貸成本——利率——會視價格的預期上升或下降而定。

例如有位香菸放貸者,預測每根香菸的交換價值會下降10%,換句話說,就是會發生通膨,以香菸標價的物資價格就會上升10%。過去他放貸十根香菸出去,下個月會收到十二根回來。如今,他若仍以一個月的利息為20%去計算,他真正賺到的利息不是20%,而是20%減10%,只有10%(這數字即大家熟知的實質利率)。眾所周知,如果香菸放貸者想維持同樣的獲利水準,他就不能再以20%的利率進行放貸。那麼他會接受多高的利率呢?他一個月的利率會調至30%,在他平時的利率上額外多加上10%,才能彌補10%貨幣的價值減損。

如果妳聽到有人在無聊的新聞上這麼說道：「由於物價上漲，利率或許會升高」，現在妳就沒有不懂的藉口。雷德福在集中營的故事可讓妳明白所有事⋯⋯。

正面期望

天氣與其他自然現象，根本對人類的看法或預期不屑一顧。老天爺若要下雨，無論氣象台怎麼說，或者我們對天氣的預測是什麼，祂就是會下雨。但我們從盧梭的獵捕雄鹿故事，以及兩個自我應驗的市場中得知，經濟並不像大自然一樣，它其實很容易受影響、受到打擊，也會因我們的想法而改變。雷德福集中營的故事，即完美呈現其相互依存的關係，特別是在貨幣的價值上。

來自前線的消息，對集中營裡的經濟會產生重大的影響力。當犯人們一聽到消息——犯人通常會背著警衛製作湊和用的收音機，前線的消息通常來自於此——如果德軍在俄國節節勝利，他們預估自己留在集中營的時間將會更久，因此，物資的價格也會穩定。然而，若他們明白戰爭已經接近尾聲，這代表他們即將獲得自由，集中營裡的經濟也即將瓦解，這些放貸香菸者所公告的存款利率（而非放貸利率），會衝到天價的高點，因為根本沒有人願意儲存香菸了。

當戰爭前線已逼近德國邊境，紅十字會不再寄送包裹，這些犯人知道戰爭即將結束時，他們會把自己儲存的香菸抽掉，而有些向放貸者借來的香菸，也立刻化為雲煙。在美國士兵打開集中營大門之前，這個特殊的經濟體就會自動瓦解。

從這點來看，很清楚的是，如果大家都知道戰爭接近尾聲，這個貨幣經濟也不會繼續維持下去。每件事情，都建立在大眾對戰爭還會長期下去的信心上，一旦大家預期經濟將會崩跌，它便會自我應驗，最終以崩跌收場。

所有經濟都適用這個模式，從雷德福集中營裡的小型經濟，乃至於當今社會的經濟。不過，貨幣運作的方式，在集中營裡與現行的市場社會兩者之間，依然存有基本上的差異。在集中營裡，基本上是由紅十字會控制「貨幣」的供給，即使其會員對這個經濟體可能一無所知。他們只不過是將可提供的物資，寄到了集中營裡，這純粹只是人道工作，他們根本沒想過集中營內的經濟這件事。由此可見，控制整個集中營貨幣系統的最終權力，其實是真正公正無私的。

唉，倒是我們的市場社會，就不是這麼一回事了。

從香菸到政治貨幣

香菸是在集中營與監獄裡的貨幣單位；但是在自由世界中，用來作為貨幣的選擇更多，貝殼、鹽、珍貴的金屬，例如鋼鐵等，都曾被用來當作貨幣使用過。至於不會腐蝕且永久維持其亮澤的黃金化合物，則一直是民眾的最愛。當紙幣首次取代金屬貨幣時，至少是大面額的，人們對此震驚不已——正如我不明白製作成本只有二十元德拉克馬幣的一張紙，為何價值可達一千元。從那時開始，當紙鈔愈來愈小、愈來愈輕盈，貨幣也愈來愈不具形體，甚至到後來全消失了。而今，我們也對透過智慧型手機app（應用程式）上轉帳的想法，愈來愈習以為常。然而，正如雷德福集中營裡的香菸，要讓貨幣真正發揮其功能——使其成為貨幣——其實是信任感。

從古代開始，統治者通常出於自己的貪婪，必須保障人民對其貨幣的信任。如我們先前所說的，在美索不達米亞時期，那些屬於農夫、用來作為農作收據以及貨幣、上面刻有數字的貝殼，一旦統治者承諾了一個難以取信人的農作數量，或者統治者難以管控這群負責供應貝殼、在貝殼上面刻數字的官員們時，這些貨幣就會立即失去可信度。這道理也適用在造幣系統中，而這裡的議題，則是要決定貨幣中該包含多少比例的珍貴金屬（像是黃金或銀）。對偽造者而言，他們當然會想把這些貨幣熔掉，再以較少的黃金或銀重新打造，刻意造成兩者間的差異。當大家紛紛開始對這貨幣產生疑慮，將會阻礙交易的進行，因為人民在收下錢幣之前，心中已對眼前這錢幣真正的交換價值，已產生數次的懷疑。

為了消除疑慮，統治當局在他們的錢幣上印上了記號，通常是統治者的肖像，以保證所有流通錢幣，都持續受到政府的監管。舉例來看，在古雅典時期，城邦便已擁有嚴格的律法，同時在港口與市集附近設有官方的測試中心，利用先進技術與方法隨機抽驗錢幣，以及其他的商品，例如酒，以確保其純度與酒精含量。此外，對利用偽造貨幣交易買賣的處罰也非常嚴峻，從鞭打乃至於處死都有。由於防範優於懲處，錢幣上開始出現愈來愈複雜的設計，例如在錢幣上描繪令人害怕的神明或暴君等，只希望預防動作能夠比偽造者還要早先一步。

好固然是好，可是常言道，「誰又可以讓我們免於這些保護者的傷害？」主要是因為容易犯錯的統治者，擁有發行貨幣的權力，卻往往又有權力過大，以至於有濫權的情況。他們佔民眾的便宜，有一個很大的誘因。每當他們想發動戰爭，或是建造新廟宇或宮殿時，都會試圖降低用在錢幣上的珍貴金屬比例，讓這些珍貴金屬可以為他們所用，這好處真是令人難以抗拒。

當然，他們的人民也不愚蠢：民眾已學會如何分辨舊貨幣與新貨幣，但是流通上，劣幣趨逐良幣的時間，並不需要太久，因為人民也會囤積良幣，或是將這些良幣熔化，取得相對大量的銀或黃金等。然而，這麼多多餘的劣幣在外流通，每一枚可換到的小麥、玉米或肉都變少。價格通膨因此而發生；人們發現自己的薪資與存款的價值正在減少，經濟因而動搖衰敗，一旦大家對該貨幣的信心完全崩解，整個貨幣就會陷入危境中。例如羅馬帝國的衰敗，就是這些原因。

因此，可以理解的是，許多人開始認為，不能將貨幣的抉擇，託付給他們的統治者、政府或政治人物，必須讓渴望權力的男性權謀者，離這個決策權愈遠愈好。是的，無論是以往或現在，多數都是男性想要分一杯羹。

某個程度來說，幸好時空已經改變。經過一連串的起義反抗，統治者必須實施法治，限制君王侵占人民財產、隨意徵稅、沒收土地、在人民反抗時監禁他們的權力。可是，對窮人徵稅，卻逐漸成為有權勢者進一步自肥的方式。為了回應大眾需要一個更公平分配盈餘的要求，稅金開始成為利於廣大各階層、族群的各項專案的資金來源。即使是有錢人，也開始明白，一個福利國家，具有完善的保障政策，將可避免他們財產、心靈以及性命的損失。可是，如此一來，問題就會變成：誰該付這筆錢？我們先前曾經提到，有錢人從不喜歡支付稅金，而貧窮人則負擔不了稅額。那麼應該怎麼辦才好？

如我們在第四章裡所討論，政府的選擇有兩種，一項選擇是以赤字融資來支付國家的支出——或稱公共債務。另一個則是製造更多的貨幣，無論是透過銀行或是中央銀行，政府在緊急時刻開始為自己或為銀行籌款。這兩個選項皆有其缺點。政治人物不喜歡公債增加，因為這會成為對手攻擊的話柄，被指責讓後代子孫要負擔更高稅金，才能將債務還清。因此，較有可能的是安靜指示中央銀行，去印製更多貨幣，以支付社會急需的東西或物品。

然而，正如雷德福集中營故事中，藏匿大量香菸的人，並不喜歡紅十字會提供來的新香菸，因為這會讓自己的購買力下降，因此有錢人對這項選擇也是痛苦的抗拒。以羅馬帝國的沒落為例，其原因一部分是因為羅馬君王無法讓貨幣貶值，因而有錢階級發動一項央行「去政治化」的運動，使其從政府單位中獨立——將政治人物指示央行增加貨幣供給的權力去除。然而，先不討論貨幣去政治化的意願，問題是，這是可能辦到的嗎？

集中營經濟與貨幣化市場經濟的差異

要回答這個問題，讓我們先了解雷德福集中營裡的經濟，與我們目前的經濟之間的差別。在集中營裡，貨幣就是財產，財產就是貨幣——香菸庫存就是貨幣庫存，而貨幣庫存就是唯一存在的財產。然而，在集中營的鐵絲網之外，貨幣總量大幅超過了流通的錢幣與紙鈔數量。為什麼？

簡而言之，這要歸功於銀行擁有憑空創造貨幣的神奇魔力。相信妳還記得米麗安拿到她借來的五十萬元，這筆錢就這麼出現在她的銀行帳上；它從未以貨幣、以任何錢幣或紙鈔的形式出現過。但是，這筆錢依然是財產，是她用來購買腳踏車工廠中所需要的設備所使用。在市場社會裡，這方法是行得通的，因為米麗安將會生產製造價值比五十萬美元還要多的腳踏車，以支付銀行利息以及為自己獲利。相對照之下，集中營裡並沒有生產，只有消費，且由於沒有生產這個過程，無法利用此方式將債務轉化成為獲利，這現象是幾乎不可能發生。從這個角度來看，集中營裡的經濟是一個完全成熟的市場、而不是市場社會，集中營裡沒有任何一項物資，是在裡面所製造的。

讓我們再回憶一下，銀行憑空變出貨幣的神奇魔力，以及在市場社會的整體需求下，對公債產生的需求——我當時是以「組織機器裡的靈魂」來形容它。整個經濟運作所倚賴的基礎建設，費用是由公債所支付；在經濟放緩的時候，公債可以刺激循環的流程，成為過度激情的銀行「最具流動性的資產」，它是所有東西快要得意忘形時，可栓綁住大家、讓大家不致失序的橡皮筋。正因如此，政府若要持續不斷的償還某比例的債務，國家政府就有緊急徵稅的必要。而雷德福集中營以及市場社會經濟體兩者之間，最主要的差異是在於，前者的債務與稅金，與貨幣供給沒有關聯，而後者則是無法擺脫彼此的相互連結著。

畢竟，最初實體貨幣的出現，並不像集中營裡只是為了幫助交易。它的發明是用來記錄債務——有錢的統治者為了償還給像納博克先生一樣貧窮農人的債務——以及用來徵稅。（因此，當統治者為了自身利益而試圖讓貨幣貶值，他們的念頭也會因為稅收縮水而被打消。）

現在，我們明白，一旦貨幣除政治化，若貨幣的供給要從政治的世界裡獨立，那麼所有後續的決策，皆必須脫離政治而單獨運作：包括政府在什麼地方要花費多少錢；從誰身上該徵收多少稅金；哪間銀行得以僥倖逃脫；銀行破產時應該怎麼處理等。就其範圍而言，這些決策屬於政治上的定義，若由寡頭政治來決定，將毫無民主可言，但也絕對不會與政治脫離干係。

讓我再次提醒妳，雷德福集中營故事裡的貨幣，之所以與政治無關，其原因是：

集中營裡的貨幣供給主要來自一個獨立組織，紅十字會，這個組織並不知道自己提供的物資，成為雷德福及其同袍的貨幣。至於其他地方控制貨幣供給的權力中心，都深知自己對經濟所擁有的權力。在此情形下，由於他們明白自己的決定將可能導致的後果，因此，主要的問題並不是他們是否應該冷靜行動——他們其實也無法冷靜——而是是否應該基於多數還是少數人的利益而採取行動。

正因如此，幾乎全世界經濟成熟的自由國家的中央銀行，都是獨立運作的正式組織。但這些地方的每個國家，貨幣都已經去政治化，央行不再受到選舉出來的政客所影響或管轄嗎？由於貨幣與組織債務（包括了公共與私人）及稅負，有著錯綜複雜、密不可分的關係，這完全是政治議題，因此答案是否定的。當央行與選舉出來的政客分開、獨立，我們會看到的真實情況是：央行依然不像紅十字會是個中立單位，它仍像以往般，所有決策都有其政治考量，但是，它再也不受國會所監督。因此，央行比以往更倚賴政治及金融圈裡非民選的強大勢力：寡頭集團與銀行。

企圖去政治化的貨幣：比特幣

讓我帶妳回到二〇〇八年，那年妳才四歲，也是近代史上銀行泡沫吹破的時刻。許多工作、家庭與希望的消失，激起西方社會對金錢主宰者——銀行、掌控市場經濟的政客、以及理論上應中立負責貨幣供給的央行，史無前例的不信任。

當來自二十個富強國家的央行領袖，也就是所謂的G20，齊聚一堂同意拯救銀行的方式時，全世界的人民都被激怒了。有人開始夢想創造出一種新貨幣，一種類似雷德福集中營裡的香菸的貨幣：去國家化、非關政治、而且是那群不可一世者所觸及不到的；這是一種由人民所創造，為人民所使用的貨幣，銀行或政府都無法操控。

倘若不是由政府或央行發行，那麼這種貨幣該由誰發行，並負責管理其數量與品質？在數位時代之前，我們無法回答這類問題，但是自從網路世界來臨，民主、安全且公正，沒有實體形式、只存在我們的電腦及智慧手機裡且獨立於任何中央掌控的數位貨幣，已在有反權威傾向的激進者心中滋生。然而，他們遇到的挑戰是：數位貨幣不像是一根香蕉或一張百元紙鈔，我們沒有辦法直接拿來食用，也無法花費；數位的東西，只是坐在硬碟上玩弄數字，因此也可以被任何人拷貝或放大。假如我們能隨心所欲創造出貨幣，又沒有任何機制能阻止我們，那麼又該如何關注我們能夠花費多少額度？若找不出這個問題的答案，數位貨幣將會立即被人民的不信任以及過度的價格通膨所擊垮。

二〇〇八年十一月一日，就在整個市場崩跌的幾周後，針對這個問題，在某個線上聊天室裡，出現了一個很棒的答案。有一封署名為 Satoshi Nakamoto 所寄的電子郵件寄到了這個聊天室裡，這個名字究竟代表一個人或團隊，至今仍未可知。在這封郵件裡，Nakamoto 提出一個令人讚嘆的電腦程式——演算法——可以解決這個問題，並且成為一個新興去中心化的數位貨幣——即「比特幣」的基礎。

在 Nakamoto 寄出這封郵件之前，所有的解決之道，都需要一個中心機構來處理。銀行或是信用卡中心，例如威士或萬事達卡等，在處理問題時，都要製作一張中央數位表單。每回妳在亞馬遜網站上利用我的信用卡付費，中央表單或是分類帳上，位於我姓名及帳號隔壁的金額數字就會被刪除，而在同一張中央表單上，亞馬遜公司名稱與帳號旁，就會列出相同的金額數字。每次在購物前，中央系統都會檢查我名字後的帳戶餘額是否足夠，以確保同一筆款項不會被扣兩次。

Nakamoto 的演算法之美妙之處，在於它擺脫了中央機構的分類帳，但依然能確保每一筆錢絕不會被複製或被扣兩次款。「那麼，誰該負責管轄整個交易呢？」我相信妳想提出這個問題。答案是：每個人！使用比特幣的整個社群，大家利用個人的電腦，共同分擔這個責任。每個人監督著彼此的交易，確保其效力與合法性，但是同時之間，沒有人知道自己正在監督誰的交易，以保障隱私權。因此全球有許多人對比特幣充滿熱情，紛紛加入。

比特幣在初期也遭遇許多棘手問題。即使沒有人能擊敗 Nakamoto 的演算法，少數惡意的生意人，開始利用人類害怕電腦被駭的恐懼，以及駭客將帶著數字串、也就是他們辛苦賺到的比特幣，從數位世界逃脫。這些生意人對擁有很多比特幣的有錢客戶，提供一項服務：將他們的數位串（電子化的）儲存在一個非常安全的伺服器，以保障比特幣的安全，再向他們收取少數費用作為回饋。沒錯，妳猜到了：有一兩位不擇手段的安全維護人員，帶著其他人價值數百萬元的比特幣消失了。

這個故事真正有趣的地方，在於它提醒了我們貨幣是政治性的，也必須是政治性的；以及，比特幣的支持者，其實並不反對貨幣的政治性。他們對於比特幣或其他所謂的加密貨幣的喜愛，是源自於這些貨幣不屬於任何政府，具有反建制以及反專制等特質；而這些特質本身就是這麼的政治性。至於，比特幣支持者不喜愛與反對的地方，應該是下面這段：貨幣能夠從政府、以及政治過程中獨立，這個想法反而導致我們政府的凝聚與形成；還有，該政策其實是一個危險的假象。

非政治貨幣的危險魔力

當大規模的比特幣竊案醜聞爆發，許多人認為，這就是這種貨幣具有缺陷的證明，因為沒有人可以保障人們在使用該貨幣時，免於詐欺與盜竊的風險。如果搶匪衝進一間普通銀行，帶著幾百萬元逃走，法律還能保障妳的存款是安全的；至於不受任何政府管轄的比特幣，一旦出事時並沒有人會出面拯救妳。

無庸置疑的是，欠缺有政府為後盾的使用者保障措施，是一項嚴重的錯誤。我們可能不喜歡它，但政府卻是我們對抗組織犯罪時的最終保障。然而，像比特幣這種無國界的貨幣，這尚不是其最嚴重的缺點。它們最大且最危險的缺點，在於無法在遇到危機時，去調整系統中的總數量，因為這類貨幣當時的誕生，就是希望盡可能將貨幣供給的干擾降為零，以免受到政府或銀行的操控；但在危機發生時，這只會讓情況更為惡化，正如我們所見。

比特幣的演算法清楚說明現存的比特幣金額數字，基本上是固定的。（更精確的說，數量會緩慢增加直到觸及最大額度——兩千一百萬比特幣，可能會發生在二〇三二年的某時間裡。）但基於兩個理由，這是件很麻煩的事：第一，造成危機的機率會更高，第二，一旦危機發生，更難以緩和。

讓我們先來看，何以固定數量的比特幣更容易造成危機的發生：也就是所謂的通縮效應。當企業製造更多產品，每一個比特幣變得相對稀有，因此其價值也愈來愈珍貴。這代表以比特幣衡量的商品價格，每輛車子或器具玩意兒，價格下降的速度比自動設定下的速度還快。而這個影響將會無遠弗屆：價格通縮。雖然問題並不在於它本身，但萬一薪資下滑的速度比產品價格還要快，代表勞工只買的起比以往更少的產品，就會變成一個大問題。由於比特幣的通縮效應造成的銷售下滑，會讓銀行的過熾熱氣氛增添不穩定因子，更容易激起市場崩跌的火石。

一旦市場崩跌了，比特幣經濟裡的第二個問題就會出現：無法藉由增加貨幣量來重振經濟。在經濟崩跌後，當銀行向未來挪借的貨幣無法實體化，政府必須迅速出面代為彌補這部分缺口，對銀行（而非銀行從業者）紓困，將錢花費在窮苦者以及公共建設等等之上。

除非迅速採取增加貨幣供給的措施，否則違約後的連鎖效應，將會把每個人帶回宛若一九三〇年代經濟大蕭條般的深淵。可是，我們並不能對比特幣採取任何迅速行動，因為其供給量是固定的，且不在政府的管轄內。

這些都不是胡亂猜測，而是真真切切曾發生在一九二九年前後的事實。當時各政府堅守不更改貨幣的供給，使其數量與所持有的黃金維持在一定比例——這就是大家熟知的金本位(Gold Standard)制度，其精神與厭惡政治貨幣的比特幣相近。直到一九三一年英國政府以及一九三三年羅斯福總統的新政（New Deal），將貨幣數量與黃金存量脫鉤後，經濟才獲得紓解。

但是，一旦政府或中央銀行開始管理貨幣供給，貨幣當然又政治化了。

爺爺時代的包裹

扼要重述一次：掌控貨幣供給，是我們一方面要避免泡沫、債務及經濟無法持續發展，另一方面則是避免通縮與停滯的唯一一線希望。然而，任何一種干預都會以不同方式影響到不同的人——一方面是富人與有產階級，另一方面則是窮人及無權無勢者，因此永遠無法做到公正無私。在貨幣的政治化已無法避免之下，我們唯一能做的就是使其公民化：使其民主化！在一人一選票之下，將掌控的權力還給人民，這是我們所知之下，唯一行得通也站得住腳的方法。

要讓貨幣民主化，當然要先讓我們的國家民主化；而這是一件非常困難的事。不過，它或許不是不可能發生的事。當我完成這一章內容時，我問妳的爺爺，當他在一九四六年至一九四九年的希臘內戰期間，被送往 Makronissos 島上的集中營成為政治罪犯時，香菸是否已不再被人們當作貨幣。我想我詢問的原因，部分只是想了解雷德福集中營裡的故事，有多麼普遍。我必須說，妳爺爺的答案讓我很驚訝。

「不」，妳爺爺說道。「我們任何人只要收到包裹，都會互相分享。雖然我不抽菸，但有一回我要求我阿姨寄香菸給我。當我一收到包裹，我分享給其他抽香菸的人，且不期待他們對我有任何回報。情況就是如此，我們彼此相互協助。」

這個故事存著某種寓意，我就留給妳慢慢發掘。

8

愚蠢的病毒？

Stupid Viruses?

【第8章】

愚蠢的病毒？

在電影《駭客任務》中，有一小群人類想擺脫機器人奴役的命運，最後終於成功逃離機器人的追捕。他們的領袖叫做莫菲斯，電影中，他曾被一個名叫史密斯的特工機器人逮捕；史密斯擁有人類的外表，主要存在母體的虛擬世界裡。在特工史密斯粗暴審訊莫菲斯之前，「他」解釋人類這麼厭惡「他」的原因：「這星球上每個哺乳類動物，本能的與自然環境發展出一種自然平衡關係，唯有人類做不到⋯這星球上還有另一種有機生物擁有這個能力。你知道是什麼嗎？是病毒。人類是一種疾病，是這個星球的癌症。你們是瘟疫，而我們是解藥。」

從三大一神論的宗教來看（猶太教、基督教及伊斯蘭教），我們人類其實非常看得起自己。我們喜歡把自己當成上帝，相信自己的完美與獨一無二。身為唯一具有語言與推理思考能力的哺乳動物，我們認為自己已經是半神仙，是地球的主宰，有能力將環境依我們的喜好進行改變，而不是讓自己去適應環境。這正是我們對具有思考能力的機器人（而這是我們的發明之一）有能力反過來對我們說話而感到憂心忡忡的原因；就像特工史密斯對墨菲斯說話般。而且更糟的是，我們甚至擔心特工史密斯所說的是對的。

我甚至還認為，他對人類的批評其實仍非常的溫和。因為，有些病毒並不會攻擊它的宿主細胞，可是我們人類似乎一心想要破壞我們居住的地球。我們已經讓動植物大量滅亡，摧毀地球上三分之二的森林，產生毒害湖泊的酸雨，流失土壤，蓄水壩或是讓河川完全乾涸，排放大量二氧化碳使得海洋酸化，大氣層破洞，讓冰山融化進而讓海平面升高，讓氣候變得非常不穩定，危害所有人類。我們破壞了生物圈，這是我們唯一的庇護所，我們就像是太空人實際上真的就是毒害了我們自己的氧氣供應來源。誰能質疑特工史密斯說的話呢？

妳或許會說，根本沒有特工史密斯這號人物；一點也沒錯，他是劇作家虛構、想像出來的角色。為了喚醒人類的良知並對大家提出警告，就像克里斯多福·馬洛創作《浮士德》以及瑪麗雪莉創作《科學怪人》，或許小說中特工史密斯的存在，是要證明人類不僅是威脅地球的癌症或病毒，也證明我們是具有良知、有能力自我批評與審慎思考的物種。

問題在於，我們是否應該證明自己有發揮這些美德的能力。

交換價值 vs. 地球

交換價值凌駕於體驗價值，這是市場社會的展現。正如我們所見，我們已成功締造出令人難以想像的財富及無數苦難，造成大量機械化，讓人類可任意虛構的倍數增長的產品數量，也讓勞工與雇主都變成了機器的機械奴隸。同時，它還達到了另一個目標：它也讓我們人類，作為地球上的一種物種，與地球維持生命運作的能力之間，產生衝突。

想像一下。現在是愛琴島上的夏天，有三架消防飛機飛越我們的房子上空，往伯羅波尼斯半島方向飛去。我們望著飛機飛去的方向，地點就在那兒：冒著黑色的煙霧，從帕農山區往上竄升，像條漂亮的蛇飛入天際，慢慢遮住正午耀眼的太陽，讓人有一種奇怪的日落錯覺。我們不需要打開新聞頻道，便知道有個重大災難正在眼前發生。然而，當我們的心情下沉時，用經濟學的眼光來看，市場社會的健康反而將會快速回升。而原因正是因為這場森林火災。

是的，我知道這聽起來很荒謬，但這是事實：根據各種數據顯示，我們的經濟會因為生態圈的苦難而受惠。首先，這些燃燒的松樹只生長在山區，毫無任何交換價值。儘管這些樹木對某些人的體驗價值，例如在樹蔭下散步，享受樹木的天然氣味，聆聽微風吹動樹梢的聲音等，實在是難以估算，但是這些樹木的交換價值依然是零，因為它們不是可以用來買賣的商品。以經濟學的角度來看，無論有多少樹木被燒光了，無論有多少土地成為焦土，無論有多少動物因這場大火而死亡，並沒有任何交易價值上的損失。

但是另一方面，飛過我們屋子上空的飛機必須使用燃油，它們消耗高交換價值的油料，因此增加了提供煤油的汽油公司之收入。奔往熾熱火場滅火、主要使用柴油的消防車亦是如此。每次要重建這些已經燒燬的房屋，或是因災害而受損的電力管線時，這些建築工人薪資以及原物料的交換價值，全都是為經濟引擎增添的燃料。所以，看出問題了嗎？

人類是掠奪性的動物，我們長久以來，常將我們所倚賴的動物獵捕殆盡。破壞環境當然也不是一件新鮮事。在復活島上，遠古人類留下來的僅存遺跡，就是在他們因饑荒被迫離開這個島嶼前所留下的巨型雕像。砍伐樹木使得土壤鬆化，下雨時土壤就會流入海洋，讓土地變得太乾燥，人類因而無法生存。然而從歷史來看，多數時候，這類災難是個別事件。在市場社會出現且發展成熟之前——亦即在交換價值凌駕體驗價值以及造成工業革命發生之前，特工史密斯的控訴，根本是毫無根據且不公平的。

就以本書一開始提到的澳洲原住民為例。他們的確在英國人抵達澳洲的千年之前，就已經將澳洲大陸上的大型哺乳類動物獵捕殆盡，但他們後來與大自然取得平衡關係，除了保護森林，並且從魚類、鳥類及植物攝取上取得均衡，以保護自然財富。但是在英國殖民的百年之內，英國人圈圍了他們的土地，把他們從這塊地驅逐出去，並把土地納入英國市場社會的律法管轄，造成五分之三的森林被毀損。而今，澳洲的土地因採礦而傷痕累累，同時因農業開發而慢慢損耗，河床也乾涸、充滿岩鹽。而位在北方的大堡礁，曾經是世界最大的珊瑚礁群，也正在死亡中。

從上述的森林大火例子中，我們可以看到，一個把交換價值看得比任何事還重要的社會，通常也嚴重錯估了環境保護的重要性。假如一棵樹或一個微生物沒有任何交換價值，我們的市場社會，就會把環境破壞看得毫無意義。假如交換價值源自於破壞，我們的行動速度可能還不夠快。為什麼呢？

傻瓜：原始意義

想像有一條充滿鱒魚的河流，若我們把河裡的魚都捕完，鱒魚就會永遠消失。如果我們每次只捕幾條，鱒魚就會永遠存在，因為牠們年年都會產卵。因為人類明白河川平衡的重要，因此釣魚會受到社群裡的風俗與習慣所制約，但是，萬一釣魚是受到市場社會的律法管束，讓我們看看會發生什麼事。

假設每條鱒魚的交換價值是五美元，倘若每名漁夫受到獲利的引誘，那麼人人都會一直捕魚，直到時間的交換價值，以及投入的勞力成本，超越了從鱒魚上獲得的交換價值為止。時間的交換價值該如何衡量呢？假設漁夫每一小時耗費在釣魚上，若利用這一小時在附近工廠工作，他可賺到十元；而用來釣魚，等於他損失了十元。一旦他一小時能捕獲兩條以上的魚（每條魚可賣五元），捕魚會是對他最有利的事，而非在工廠工作。

所有釣魚的人都知道，所捕獲的魚數量，與附近其他人捕獲的魚數量以及認真程度成反比。簡單的說，若只有你一個人在捕魚，這件事簡單多了，只要把漁網丟入水裡，即可連續捕獲五、六條魚。但是當你的收穫愈多，旁邊參與的漁夫人數也愈多，捕獲鱒魚的難度也愈來愈高，因為每一次的豐收，代表水中剩下的鱒魚數量變少，而且還有其他人一起與你分一杯羹。

倘若你們像團體一樣的相互合作，好比共有一百位漁夫，你們都同意一天只捕魚一小時，大家每天共捕兩百條鱒魚，且漁獲共享，那麼每人每天都可獲得兩條魚。但是在市場社會中，每個魚販是相互競爭的，這共享的方法，與競爭理念（有時甚至與法律）其實是相互違背。儘管你們這一百位漁夫，在酒吧裡黃湯下肚後，理論上都同意限制自己每天只有一小時工作時間，但實際上，你們卻不得不工作第二個小時、第三個、第四個、第五個小時等等；每多增加一個小時，至少可讓你多增加兩條鱒魚的收穫。

第一次捕魚的收穫可能會很豐收，可能遠多於兩百條鱒魚。但沒過多久，當這一百位漁夫耗費許多小時在捕魚上，鱒魚數量就會愈來愈少，幾乎讓鱒魚從河裡消失。到了某個時間點後，這群人為了達到兩百條鱒魚的目標，就必須每天花一整天時間捕魚，而非先前約定中的每日一小時。

倘若這不是安排過的愚蠢行為，我還真不曉得該怎麼形容。但是，當我們認為追求獲利是自然的人類特質，這就是發生在我們眼前的事實：它已成為指引我們所有人的一股力量，即使這不過是近期市場社會的發明。我們不僅冒險，讓自己以浮士德或科學怪人般的結局收場，我們也冒險重蹈復活島的覆轍，只不過這次的生活範圍擴大至整個星球。就以上述捕捉鱒魚的例子來看，正如妳所知，這不過是冰山一角。同樣的，追求獲利的工業巨擘，不惜汙染及剝削環境以求交換價值，注定會燒毀我們的星球——在我們自製的鍋爐裡而非地獄中。

在古希臘裡，一個拒絕為了「共好」而考慮的人，稱之為「idiotis」——自私者，這種人只為個人利益著想。古雅典有句諺語：「詩人是有所節制的，而自私者則反之」。在十八世紀，對古希臘文學非常狂熱的英國學者們，給予 idiotis 這個字一個英文解釋——傻瓜，從這兩層意義來看，我們的市場社會，已經把我們變成了傻瓜。

個人與地球利益可相互結合嗎？

當然可以！澳洲原住民就做的很好；他們與大自然合作無間，不需要整日狩獵或捕魚，就可以自給自足，還享有充裕的時間進行敬天儀式、說故事、繪畫與吟詠。身為人類，同時身為與自然和諧共生的社群，他們才是後來到澳洲的許多英國人，所羨慕的真正幸福者。

同樣的，在歐洲，雖然這裡的人口比澳洲稠密，但是在市場社會出現、在所有事情都商品化、在共同土地私有化、在交換價值凌駕體驗價值、以及追求獲利超越追求共好之前，人們也給予自然環境必要的生存空間。

而今，假如我們有機會拯救地球與人類自己，必須找出聰明的方式，重新喚起人們對體驗價值的重視；體驗價值是沒有任何一個市場所看重、甚至是尊重的。曾經有人試驗過一種方法且頗有成效，就是對追求獲利的行為予以設限——換言之，實行大家都同意的法律予以規範，好比漁夫每天捕捉鱒魚不可超過一小時。舉個例子來看，厄瓜多已修訂新憲法，認可雨林保障及其無價資源的重要，即使雨林擁有豐富交換價值；這是憲法史上的創舉。

儘管對所有權人的行為設限，對其獲利課徵稅金，但更大的問題在於：當土地、原物料以及機器仍被少數有權勢的人所擁有，而這些人對政府制定、執行與保護我們的律法，仍有決定性的影響力時，在他們反對這些律法之下，我們又該如何將地球整體資源，變成社會整體的共同責任呢？

這個問題的答案，會依照妳所詢問對象的既得利益而定。假如妳的詢問對象是一個沒有土地的勞工，他們的答案可能會是：要終止地球生產力的被利用，就要終止目前擁有土地、原物料及機器者的所有權。唯有所有權的共享——民主式的管理，例如透過民眾之間的共同擁有，或是將層級提高至國家，由政府管理等，責任共享才得以實現。

另一方面，若妳詢問的對象，是少數擁有龐大土地與機器的權勢人士，妳就會得到不同的答案。他的回答可能會是：『確實該為保護地球盡一些努力，但是妳真相信政府全然反映了我們的共同利益嗎？當然不！政府只為政府的利益服務──政治人物以及官僚──這些利益並不是為多數人民或地球著想。至於妳提出的共享的浪漫想法，要達到真正民主，大家都得圍繞著坐著，進行無止盡的討論，最後的討論卻因其複雜性而停滯？不，這是不可能的。正如劇作家王爾德曾說：「社會主義的麻煩在於，它占用太多夜晚。」』若妳接著問：「那麼，您建議該怎麼保護地球？」他的回答很可能如下。拜託開放更多市場！為了捍衛自己擁有土地、機器、資源的權利，現狀的捍衛者大概會這麼說道：「是的，沒錯。市場社會無法適當管理好地球的天然資源，是因為這些資源有體驗價值，卻沒有任何交換價值；解決之道就是給予它們交換價值。就以現在陷入火災、讓妳感到沮喪的美麗森林為例，既然它屬於每個人，也因而不屬於某個人。它之所以未獲得市場社會中，該擁有的價值及重視，正因為沒有人可以從中獲得交換價值。河裡面的鱒魚亦是如此。這些魚並不屬於任何人，直到有人捕獲牠們，這也是每個漁夫盡其所能，捕捉愈多魚愈好的原因。結果，鱒魚開始慢慢消失，讓這些漁夫看起來像傻瓜一樣。大氣層也是這樣：因為它並不屬於任何人，因此每個人都不斷地開發利用資源，直到整個空氣被污染了。由於共同管理的方法不可行，而政府控管也不見效率、甚至帶有偏見、或獨裁行事，因此我的建議方式如下：把這些尚未定價的珍貴資源交給某個可以讓資源獲利的人管理，例如——我——如此一來，這些資源就會受到好的監督控管。」

沒錯，若這條河流與河裡所有的鱒魚都是私人所有，所有權人肯定會好好的保護它們。或許他們會酌收入場費用，或是只開放一小時垂釣，確保釣魚行為以及漁民的勞動受到限制。空氣與森林資源也是如此，如果這些資源為私人所擁有，為確保這些資源有效被保護以及永續長存，工業工廠若要散播汙染物至空氣中，或是家庭要在森林裡舉行野餐，都被迫要支付權利金，才不致過度使用。

妳或許會問：「這種方式與過去封建制度究竟有何不同？」過去的土地四處都有動植物相伴，包括居住在上面的人們，全都屬於領主所有。我們現在得回到封建制度，才能拯救地球嗎？市場社會的捍衛者會這麼回答：「一點也不需要。以市場為主的解決之道，其美妙之處在於，無論誰獲得了這些自然資源，一旦天然資源可以自由買賣，最終無可避免的將會由在管理上，最有效率且能獲利者所擁有，因為他們能夠為了擁有這些資源，而付出最高代價。這與過去全由封建君王依其念頭任意管理、無時間期限的統治方式完全不同。」

事實上，私人擁有的意思，並不一定代表由某單一人士或公司所擁有。而是將河川、森林與空氣分割成數千份，讓人們在市場上輕易的進行買賣，擁有人可達成千上百人。但是，要怎麼把森林或空氣切割成成千上百份？可以為這些資源透過發行股票的方式，讓每個股東依比例，分享由這些資源產生的獲利，就像妳可以擁有大型公司像是蘋果或福特汽車的少量股份一樣。以市場社會最喜愛的交換價值凌駕於體驗價值的方式，來防止對環境的破壞，妳或許會對此感到非常矛盾，因為這會讓我們將最後僅剩的體驗價值，變成交換價值；即使如此，這類思考方式與提議，目前正非常的盛行。

市場解決之道的反諷

事實上，將自然資源商品化，並不是說說而已。雖然其進程目前仍屬溫和且低調，但如今贊同聲浪已明顯勝出，並且改變政府與業界的作法。雖然沒有將大氣層私有化，但以下則是某些政府對抗處理空汙的做法。

每間企業都有權利排放某固定數量的有毒氣體，也可以將此權利販賣給其他企業。這個新興市場裡，生產汽車、電力、飛機，以及其他必須排放數噸氣體的企業，可以向其它不需要排放廢氣的公司，例如以太陽能板為能源的企業，購買排放汙染煙霧的權利。其倡導者認為，此制度的好處是雙重的。

首先，企業造成的汙染量，會比原本享有的配額還要少。原因是他們若汙染得少，剩餘的額度還可以銷售給其他企業。第二，一間企業若汙然額度高於其配額，向其它企業購買權利所需支付的費用，將由市場的供需而訂定，而非由靠不住的政治人物來訂定。這聽起來很聰明，不是嗎？

可是，請注意其中的諷刺之處：採用這類由市場決定的解決之道，其唯一理由是因為人民不信任政府，但是，這個方法要能可行，也必須全部依賴政府。因為：誰該負責決定原來的汙染額度？誰該負責監督每位農夫、漁民、工廠、火車或是汽車的排放量？若企業超出排放額度，誰該負責處罰它們？當然都是政府。只有政府有能力創造出這個市場，因為只有政府有權去規範每一間及所有企業。

這些有錢有權者以及其理念的支持者，之所以建議將我們的環境全部私有化，原因並非他們反對政府；他們只是反對政府的干預，會損害他們的財產權，以及政府威脅要將他們目前所掌控的流程，全部民主化。但倘若真的如此，在民主化的過程中，這些人最後仍掌控了整個地球，那也就認了！

唯一實際的解決之道：真民主

我曾說過，這本書是要跟妳談論經濟，但妳或許已經注意到，談論經濟，不可避免的必須談論政治。

在這最後一章的內容裡，我曾說過，妳可以將貨幣從政治裡獨立，但妳卻無法將政治從貨幣中拆開；我也曾說過，企圖將貨幣供應的規則與管理去政治化，會讓經濟窒息，也無法讓經濟從崩跌的事件裡重振。我認為唯一的解決之道，應該是將貨幣決策的過程民主化。在本章即將進入尾聲前，妳還記得，假如我們要避免成為機器的奴隸，在面臨極少數擁有這些機器的權勢者的極力反對時，我們該怎麼做才好？答案是一樣的：讓所有人類共同享有這些機器人的所有權，讓科技民主化。

現在，在這個章節裡，同樣的道理，我更進一步的認為，一個合宜且理性的社會，不僅貨幣與科技的管理必須民主化，地球資源與生態系統亦應如此。為什麼要這麼強調民主？因為，引用邱吉爾曾開玩笑說的一句話，民主或許是政府最壞的一種形式——身為參與其中的一分子，它確實有缺陷、不可靠、沒效率以及腐敗的問題，但卻比其他任何形式都好。

妳們這個世代，將會夾在兩個重大分歧裡擺盪，成為這一世代的特色：「事事民主化！」vs.「事事商品化！」有權勢及具影響力的人與機構，主要支持「事事商品化！」。他們希望說服妳們，解決世界問題的方法，就是讓人力資源、土地、機器設備以及環境的商品化，速度加快且更深化。至於「事事民主化！」則是我在這本書裡欲貫穿前後的宗旨。選擇權在妳們身上。當我這代百年之後，這兩大分歧及衝突，將會決定妳們的未來。倘若妳希望在未來擁有任何發言權，妳以及同期的朋友們，必須在這議題上建立、形成意見，並清楚表達妳們的想法，才能勝過其他人。

在這分歧與衝突中，我並不想假裝自己的立場中立，因此我想這麼說：商品化永遠行不通的。城市裡咖啡店的供給，市場機制可以發揮很好的作用，或者，更廣泛的來說，買家間透過不同交易，造成各種商品的分配，就像我們在雷德福集中營看到的情況一樣，這亦是市場機制發揮的效果。可是，正如我不斷在這本書裡所強調，市場機制對於貨幣、勞動力以及機器設備的處理很糟糕。至於自然環境，交由市場機制來解決，則還會帶來了政府干預的缺點，這是市場機制最糟的地方。

妳接著可能會這麼說：「好吧，你既然拒絕由市場機制來解決，提出該經由民主化的方法解決，但這個方式究竟如何拯救我們的地球，如何讓機器設備為我們工作與服務，讓貨幣適切與順暢的運作呢？」這是多麼重要的問題！雖然這需要一整本書的篇幅才夠回答，但在此我先給妳一個提示，或許可助妳將後續的內容寫出來。

在市場以及民主制度下，我們都行使選舉權。在選舉制度中，只要政黨或訴願的得票愈高，愈可能影響政治結果。市場有時亦是如此。當妳購買某一特定冰淇淋，妳寄了一封訊息給該冰淇淋製造商，表達妳認為這個冰淇淋非常好吃，錢花得很值得。這就像是對某特定冰淇淋投票一樣。若沒有人購買該冰淇淋，該製造商就會停止生產。如果有很多像妳一樣的孩子，用金錢支持他們最喜愛的冰淇淋，製造商就會生產更多。

然而，這兩種類型的投票，存在著基本的差異。在民主上，我們每人只有一張選票。這是希臘民主中對「isegoria」想法的前提：即讓不同觀點皆享平等發言權。然而，在市場機制中，人們擁有的選票數量，會依其富有程度而定，妳擁有的美金、英鎊、歐元或日幣愈多，妳在市場上所佔有的意見聲量就愈大。這與企業的股權一樣：如果妳握有一間公司51%的股權，妳絕對擁有該公司的管理權，即使其他的49%股權是由數千人所持有。

妳可能也會這麼說：「既然我們都居住在同個星球上，也在同一條船上，為什麼有錢人不想選擇最好的解決方法？」妳想想：身為人類，我們目前面臨到兩種抉擇，一個是大幅降低溫室氣體的排放，否則就會看到兩極的冰山融化、造成海平面上升，導致低於海平面的沿海地區，例如孟加拉及馬爾地夫等，數百萬人民的家園與農田消失。假設我們現在將大氣層私有化，該採取什麼行動方案，取決於少數幾人手中，他們的財富並不會因為海平面上升而受到影響，但萬一降低排放量，他們的獲利可能會減少，工作或生意甚至可能會消失。因此妳認為，當人民因海平面上升而面臨家園的消失，卻沒有任何發言權；而這些主要股東卻具有決定的權利，這是正確的嗎？妳明白股東們行使投票權，永遠不會像民主制度可以保護我們的星球嗎？

我們的民主並不完美，這是事實，但腐敗也不能改變民主仍是人類避免集體在行為上，成為愚蠢病毒的唯一機會。這是我們證明特工史密斯是錯誤的唯一希望。

結語

雖然我在這本書裡不斷的討論各種經濟議題，但在整本書中，我最大的擔憂，其實就是妳一直在想的：爸爸怎麼一直用一些不在乎的人來困擾我？

先不論我內心深處的自尊，我承認，我的害怕主要源自一個更大的擔憂：多數人沒有時間去細察我們的社會。我們只想過好自己的日子，與自己的朋友聊天，享受市場社會提供的快樂。或許像這樣的書籍，充其量尚可做為消遣消磨使用，或者根本無關痛癢，但最糟的是，成為人們享受生活的絆腳石。

我想我可以提出很多論點，去證明市場社會並不善於製造真正的快樂，它是一個毫無樂趣的地方。但在此我並不會這麼做。相反的，我希望妳能再給我一點時間，我希望妳參與一個思考實驗。

出路

想像我們的朋友「柯斯塔斯」，他是一位瘋狂科學家，設計並製作出一臺探索式娛樂體驗演算機，其名字叫做「樂波」（HPLPEVAM, Heuristic Algorithmic Pleasure & Experiential Value Maximizer），是一臺很棒的電腦。樂波與《駭客任務》裡那臺可怕、厭惡人類，並以虛擬實境方式來奴役並利用人類資源的機器剛好相反，它主要被設計成為人類的忠僕，是一臺提供終極娛樂的機器。

「樂波」可以百分百正確閱讀出妳的腦波，了解妳的快樂悲傷以及厭惡喜好。接著，它會在千萬個可能的生活中，依據妳的標準打造出一個虛擬生活環境；當妳身處於那個環境時，妳甚至無法察覺這是一個虛擬實境。最重要的是，它最主要的指令，是絕不改變妳的渴望或動機，以迎合這個虛擬世界，而是依據妳個人的渴望、感知、心願與原則，原封不動的、完美和諧的創造出一個虛擬世界來。

現在，假設柯斯塔斯為妳五月份的生日，準備了一支看起來很酷的麥克筆做為生日禮物。他告訴妳，妳可以利用這支筆，在任何一面牆壁上畫出一個大型正方形或圓形，接著，就像哈利波特跟他的朋友，可以從九又四分之三月台搭乘火車一樣，妳也可以從這面牆跳過去來到另外一個世界。這另一個世界是什麼樣的世界呢？

那是「樂波」特別為妳打造的虛擬世界。這是一個擁有無限歡樂等著妳的領域，沒有一般生活中的家事、痛苦以及悲傷，沒有父親告訴妳的無聊故事。在妳沉浸在極樂體驗時，一組由醫療機器人組成的先進設備，會保護妳的身體，它們主要接收「樂波」的指令，精準確保妳的身體狀態。

妳會想穿越這面牆嗎？「當然」，我聽見妳的回答。

「但是，慢著點」，柯斯塔斯警告。這台電腦背後的缺點是，只要妳穿過這面牆，妳再也回不來。妳的後半輩子，都會住在「樂波」打造的完美夢境中。

所以問題應該是：妳想永遠的穿越這面牆嗎？

【結語】

超越滿意

若妳決定不要穿越，等於是放棄「滿足喜好，才是重要」的念頭。同時，妳也會發現，想精確表達自己的感受，是一件很困難的事。或許，想與這個現實生活道別，甚至對自己爸爸道別，令妳難以承受？一想到得拋下這裡的所有一切，或許純粹享樂的生活，仍不足以帶走妳靈魂中的憂慮。

但是，倘若柯斯塔斯將「樂波」設計成具備遠程傳輸功能，並在妳沒有察覺的情況下，將妳傳輸至另一個虛擬極樂世界呢？若擁有「樂波」的企業，準備對地球上的每個人這麼做呢？我們及其他數十億人類的身體，將由「樂波」所設計及指揮的機器人們所看管，我們沒有人會察覺其中的差異，除非我們的快樂、滿足、實現感以及喜悅程度，有顯著的提升。

妳認為這是天堂嗎？或者是個地獄，與電影《駭客任務》裡，主角尼奧及其朋友們亟欲逃離的那個世界，並無不同？如果妳也像我一樣，對這個想像感到噁心、不自覺地發抖，那麼我們應該取得共識：偏好的滿足雖然非常重要，但卻不是一切。

因此，讓我們先暫停一下，想一想「樂波」試圖為我們創造的世界，究竟哪裡有問題。換句話說，滿足我們的渴望以及純粹極樂，這兩者之間的差異究竟何在？

當我們的願望被滿足與實現時，我們當然感到快樂，這感覺至少能維持一下子。這是一件好事。但是英國的哲學家暨政經學家約翰．斯圖亞特．彌勒，曾在一八六三年對世人提出警告：「作一個不滿足的人，勝過一隻滿足的豬；作一個不幸的蘇格拉底，勝過作一個滿足的傻子。如果傻子或豬有異議，那是因為他們未體驗過更高級快樂。」換言之，無知或許是種福氣及祝福而「樂波」提供的快樂，卻不能缺少感知——也就是說，純粹極樂，與我們所需要的東西正好是相反的。

對吧，追尋快樂並不像是挖金礦。挖到黃金時，黃金的界定與我們的身分並無關係，更重要的是，與我們將會成為什麼樣的人也無關。我們可以利用化學測試或是電腦，去判斷這金光閃閃的成分是否為黃金。至於純粹極樂並沒有這些過程，因此「樂波」所能做的所有事，是在我們穿越牆壁後，反映我們過去的喜好。但是生活在一個真正成功的環境、一個享樂有可能成真的環境之下，這是一個轉變的過程；變成希臘人所謂「eudaimonia」——繁榮茂盛——的過程，在這個空間裡，我們的個性、思想，接著是偏好與渴望，將會不斷的進化與演變。

看著我十幾歲快結束以及二十出頭歲時的照片，我想起當時我所著迷、喜愛、全心投入的一些人事物，我覺得很難為情。妳認為我想生活在一個不斷充斥著那些喜好所組成的時空環境下嗎？妳知道我一定不想。

我們應該對自己的個性及喜好的變化，負起什麼責任？簡單的說，就是衝突。我們的性格養成，來自於與世界的對抗，它拒絕為我們實踐所有願望；我們性格的養成，來自我們對自己的思考、與自己之間的衝突。我想要一台蘋果的 iPhone，但我應該要擁有嗎？我們雖然討厭限制，但同時間，只要我們了解自己的動機之後，這些限制亦可以解放我們。可是，純粹極樂卻做不到，換言之，就是少了不滿足以及滿足的過程。我們需要的，是不被滿足的自由，而不是被滿足感所奴役。

這兩個內在與外在的衝突，主要取決於自身的自由與自主權，這是我們自我發展的重要關鍵。雖然「樂波」是為了服務人類，其立意良善，大膽創新，但它只會讓我們包圍在一個反烏托邦的環境；困在一個充斥著我們冰冷的偏好、無法成長發展或超越它的小世界。

在一本討論經濟的書裡，上述這些內容的意義及重點何在？答案是，「樂波」被設計提供的功能及服務，正是市場經濟努力想達到的：滿足妳的偏好。從圍繞在我們身邊的諸多不快樂來看，市場社會機制，其實運作的非常糟糕且失能，而且重點在於，妳不僅住在一個總是難以達到目標的經濟體裡，且這目標還是經濟體自行訂定，更糟糕的是，其目標應該是永遠達不到。

自由與購物中心

快樂的關鍵，一位十九世紀的美國人曾寫道，不是去追尋它。快樂像是一隻色彩繽紛的蝴蝶：「妳愈是追著牠，牠愈是躲著妳；可是，若妳將注意力轉移到他處，牠會飛回來並且輕輕停在妳的肩膀上。」因此，倘若快樂不是我們的目標，甚至一直徒勞無功，那麼，什麼才是我們的目標？妳必須自己找到自己的答案。但當妳在思考這個問題時，這裡有幾點我個人的看法。

有一個讓我非常生氣且恐懼的事，就是在不自覺之下，成為權力與人們的玩物。我相信多數人與我有同感；這是《駭客任務》及《V怪客》等電影，如此受到歡迎的原因：因為這些電影反映了人類有自我引導、主權性以及自由思考的需求。最糟的奴役，就是被大量灌輸訊息的快樂傻子，不僅熱愛身上的枷鎖，還等不及感謝主人，因順從主人而享受到快樂。

我們的市場社會製造出很精良的機器設備、難以置信的財富、令人驚駭的貧窮問題、以及堆積如山的債務，但同時之間，它為了永垂不朽，也製造出人類需要的渴望及行為。最好的例子就是購物中心，整棟建築、內部裝潢以及音樂，所有設計都為了麻痺心靈，利用走道及店面，以愉悅的方式統治著我們；為了扼殺我們的自發性與創造力。購物中心並未讓我們產生遠離這些店面的慾望，而店面裡的那些東西，可能都是我們不需要或是不想要的。

了解了這些後，我忍不住厭惡這些商場。妳倒不如給我「樂波」吧，或者《駭客任務》電影的母體虛擬世界也好！

還有其他的洗腦工具，其中一個是大眾媒體，其目的亦是虛構大眾對寡頭政治決策的認同，但這其實這與我們本身以及整個地球的利益是背道而馳。另一個則是效果最強大的意識形態灌輸型式：經濟學。

意識形態

「這些規則如何維持統治者的權力，並依其所好來分配盈餘，且不受多數人的干預？」這個問題，我在本書的一開始，在第一個章節裡已提出來。我記得我的答案是：「形塑一種意識形態，讓眾人深信，只有統治者有權可以統治管理。」

這在美索不達米亞時代適用，在現代也適用。每個主權與領土，都需要一個主導的意識形態，給予該主權合法性；需要一個可以喚起基本道德價值的敘述，當有人對該主權有任何質疑，可以透過處罰為其辯護。數個世紀以來，有組織的宗教已提供這類的論點敘述，並發展出一套很棒的信仰，以支持統治者的主權，為統治者的專制權力以及暴力及偷竊行為做辯護，即所謂君權神授。

當市場社會出現後，宗教的力量退位。科學的誕生同時帶來了工業革命，才慢慢揭示：信仰一個神聖的秩序，原來也不過就是一個信仰而已，沒有其他了。因此，統治階級需要一個新的敘述，給予該統治權合法性；於是他們開始利用與物理學家及工程師們一樣的數學工具，包括了定理及等式，去證實市場社會是最終的自然秩序，是由一隻看不見的手所創造；並且引用最有名的開創者——經濟學家亞當史密斯的話。這個意識形態，這個新的世俗宗教，就是經濟學。

自從十九世紀以來，經濟學家撰寫書籍、報紙文章，現在則是出現在電視螢幕、廣播電台、網路上，已經成為市場社會的使徒。當一般人聽到或讀到這些訊息時，通常都會下這樣的結論：經濟實在太艱深與無聊，令人難懂。應該留給專家們去研究。沒有人了解真相：世上根本沒有真正的專家，而且經濟也因為太過重要，不能只留給經濟學家們去研究與了解。正如我們這本書不斷的討論，經濟決策決定了一切，從非常普通平凡的問題乃至於深層的問題。把經濟留給專家，等同於那群住在中古世紀的人，把自己的福利委託給神學家、主教以及西班牙宗教法庭等。這是一個可怕的想法。

我曾告訴過妳，我成為經濟學家的原因嗎？因為我拒絕將經濟留給專家。當我愈了解經濟理論與數學，我愈明白這些在大學裡、電視上、以及銀行與財政單位裡所謂的專家，他們根本毫無頭緒。他們當中最聰明的某個人，發想出超級棒的模組。但要利用數學解決問題的前提是，只有將本書裡提到的勞動力、貨幣與債務等現實問題變因，先從這些模組中刪除，讓它們與市場社會無關聯，才做得到。至於其它人，也就是經濟評論者的第二等人，他們不僅不了解這些重量級、自己所崇拜的經濟學家們的模型理論，甚至也對自己的不了解，也不甚在乎。

當我聽這些經濟專家談論經濟的頻率愈多，愈覺得他們像是古代的聖人或祭司。這絕非巧合。在一九三〇年代，英國社會人類學家伊文思・普理察(E.E. Evans Pritchard) 耗時研究一個位於非洲的阿贊德（Azande）部落。當他與他們居住一起時，他觀察到，阿贊德人非常重視其祭司，就像古希臘的德菲爾神諭一樣，他們也從祭司身上獲得預言。但是，這些預言最後被證實皆不正確，他好奇這些祭司如何維持他在這族群裡堅定不搖的權力。以下是他對阿贊德人堅決相信祭司毫無過失的解釋：「阿贊德人和我們一樣，祭司對預言的失敗，的確需要一個合理解釋，但他們太相信

【結語】

神秘力量，因此必須利用另股神祕的說法，來為預言失敗負責。也就是運用另一個神秘說法，來解釋實際經驗與神秘預言之間的牴觸。」

而當今的經濟專家們，與這些祭司們並沒有太大的不同。每當他們預言某個經濟現象失敗時——這情況相當常見，他們在第一時間裡，都會將自己的失敗歸咎於同樣的神祕經濟說法。有時候，還會創造出新的說法，只為了解釋之前的失敗。

例如，「自然失業率」說法的出現，是為解釋市場社會無法帶來完全就業的情形，並解釋專家們無法解釋這個現象的原因。更廣泛來說，失業率與低經濟活動被用來做為競爭不足的證明，並被神奇的「法規鬆綁」拿來作文章——政府應該對銀行及寡頭集團的限制鬆綁。如果法規鬆綁也沒有效果，就會想用利用更多的私有化來解決問題；若私有化也失敗，一定是勞動市場的錯，因此勞動市場一定要從工會的干預以及社會保險福利的阻礙中解放。就是像這樣。

當今的這些專家，究竟與阿贊德的祭司們，有何不同？

充滿方程式的神學

許多人一定會對妳說，妳的爸爸根本在胡說八道，經濟學其實是一門科學，就像物理學家一樣，他們利用數學模型去解釋自然現象，而經濟學則是利用數學模型去解釋經濟的運作。但這根本是錯誤的。

經濟學家確實利用了數學模型以及許多統計工具與數據。但這並不會讓他們成為科學家，至少不是像物理學家那樣的科學家。物理是對自然裡的預測，做公正不倚的判斷，但經濟學不像物理，不能做公正的測試。因為要打造一個能夠充分控制經濟環境變因、重製科學試驗以進行驗證的實驗室，這是根本不可能的事。舉個例子，若一九二九年美國印製貨幣幫助窮人，而非採取樽節措施，事情後來會如何演變？或者是二〇一〇年希臘政府破產時，若它拒絕了史上最大金額的借貸，而是採取嚴格的樽節措施，希臘會變得怎麼樣？當經濟學家堅持自己也是利用數學工具的科學家時，他們其實與主張自己和天文學家一樣科學的占星學家無異；占星學家也使用了電腦以及複雜的圖表。

妳可想見經濟學家們，對我會有多麼的生氣；我告訴他們，我們正面臨一項抉擇：我們可以繼續假裝自己是科學家，就像占星學家一樣；或者，大方承認自己就像哲學家，從不能確切的知道生命的意義，無論我們的解釋有多麼聰明或理性。可是，當我們坦承自己充其量是世俗的哲學家時，市場社會的統治階級，當然不可能繼續給予經濟學家這麼豐厚的獎勵；因為這些統治者的主權合法性，都是經濟學家佯稱科學家時所賜予的。

阿基米德的跳躍

在妳拒絕了柯斯塔斯的超級電腦「樂波」為現實生活所提供的出口後，那麼，接下來有什麼打算？選擇劣質仿造「樂波」效果的購物中心嗎？反抗現狀的起義？還是決定在不完美的世界裡，去形塑出自己的利基？妳必須為自己找到答案。

無論妳選擇哪一條路，我建議有件事妳必須記住。古代科學家阿基米德曾提出一個想法；只要有足夠的距離，沒有辦不到的事。他曾說：「給我一個支點，一根夠長的槓桿，我可以撐起地球。」所有統治系統的運作，都是藉由一些說詞與迷信預言作為掩飾，讓我們看不到背後的真相。往後退一兩步，站在外圍找個方法觀察，看看他們有多麼不完美、愚蠢可笑。不過，也要確保自己的觀察，不要離現實太遠。這是妳拒絕「樂波」世界的原因（我自己的推斷）——因為一旦參與其中，就不能像阿基米德一樣跳出來當個旁觀者了。

市場社會雖不會像「樂波」這麼有效率、或令人感到愉悅，但它也會在潛移默化中，慢慢灌輸我們虛幻不實的信念。這些信念會改變我們的行為，讓我們以自身的創造力、彼此的關係、人性、當然還有我們的地球為代價，去鞏固整個市場社會。無論妳想改變自己的行為去適應市場社會的需求，或是堅持己見的把社會變成妳理想中的模樣，一定要退後一步——定期讓自己的心靈，與社會的聲音及必然保持距離——這是非常重要的。

妳出生的時候，我非常喜歡妳的名字，齊尼亞，因為它的字源主要來自希臘文「xenos」，是「陌生人」或「外來者」的意思，後來被譯為「友善對待外人」。這個名字之所以吸引我，一部分是因為我認為，觀察自己國家、社會最好的方式，就是透過外來者或是逃亡者的眼光。試著讓心靈去遠方旅行，不一定是為了改變妳的世界——雖然這也很棒，而是為了看清世界的模樣。這麼做可以讓妳有機會保有內心自由。在成長過程中，擁有自由靈魂，在這世界裡走出自己的路，保有罕有但重要的自主性是十分重要的。自由來自於了解經濟的運作，來自於有能力回答下面這個無價問題：「誰在妳的周遭或更遠之處，對誰做了什麼事？」

好的，夠了，我想妳已經受夠了我的叨唸。既然我們已回到原點，又回到最初的問題：為什麼有些人很富有、有人一貧如洗；妳或許覺得我實在很浪費時間。在此，我僅以我最喜歡的詩句來回答妳：

> 探索永無止境，當我們努力追尋答案，終將回到起點，了解其原意。

爸爸寄來的經濟學情書

一個父親對女兒訴說的全球經濟與資本主義小史

雅尼斯・瓦魯法克斯 Yanis Varoufakis —— 著
黃書儀——譯

大寫出版
書　系〈知道的書 Catch-On!〉書號 HC0092R
著　者 雅尼斯・瓦魯法克斯
譯　者 黃書儀
行銷企畫 王綬晨、邱紹溢、陳詩婷、曾志傑、廖倚萱
大寫出版 鄭俊平
發 行 人 蘇拾平
發　行 大雁文化事業股份有限公司
台北市復興北路 333 號 11 樓之 4
電話 (02) 27182001　傳真 (02) 27181258
大雁出版基地官網 www.andbooks.com.tw
二版一刷 2023 年 8 月
定　價 420 元

ISBN 978-626-7293-06-5

Talking to My Daughter About the Economy or,
How Capitalism Works —— and How It Fails

國家圖書館出版品預行編目（CIP）資料

爸爸寄來的經濟學情書：
一個父親對女兒訴說的全球經濟與資本主義小史

雅尼斯・瓦魯法克斯（Yanis Varoufakis）著；黃書儀 譯
二版｜臺北市：大寫出版社出版：大雁文化事業股份有限公司發行，2023.08
216 面；14.8*20.9 公分（知道的書 Catch-On!；HC0092R）
譯自：Talking to My Daughter About the Economy or, How Capitalism Works — and How It Fails
ISBN 978-626-7293-06-5（平裝）

1.CST：經濟發展　2.CST：資本主義

550.187　　112005545